Lieblingsorte

19 Schneverdingen

Am letzten Augustwochenende feiert die Stadt mit zahlreichen Veranstaltungen, einem großen Umzug und der Krönung der Heidekönigin das Heideblütenfest. Darüber hinaus lohnt ein Ausflug ins Pietzmoor, das größte Moor der Heide, wo man moortypische Pflanzen sehen und seltene Tierarten beobachten kann (s. S. 53).

005ml-hpe

27 Soltau

Wer Lust auf Nervenkitzel hat, ist im Heide Park Resort genau richtig. Die gigantische Holzachterbahn Colossos, die Bobbahn oder der Big Loop lassen den Adrenalinspiegel steigen, aber auch Soltau selbst ist einen Besuch wert. Das Sole-Thermalbad, die attraktive Fußgängerzone und interessante Museen lassen keine Langeweile aufkommen (s. S. 68).

006ml-hrs

37 Celle

Ein beeindruckendes Renaissanceschloss, mehrere Museen, ein einmaliges, historisches Theater und etwa 500 aufwendig restaurierte und denkmalgeschützte Fachwerkhäuser, die das größte geschlossene Ensemble dieser Art in Europa bilden, lohnen einen Besuch der Stadt am Südrand der Lüneburger Heide (s. S. 98).

008ml-hpe

40 Walsrode

Die Hermann-Löns-Stadt bietet eine sehenswerte Stadtkirche, ein historisches Kloster und viel Natur, in der es auf Wanderwegen oder im Boot auf der Böhme einiges zu entdecken gibt. Im Weltvogelpark kann man heimische und exotische Vogelarten aus nächster Nähe beobachten. Besonderes Highlight ist die Flugshow (s. S. 107).

007ml-hpe

Inhalt

FALTPLAN

»Schreiben Sie uns!

Wir hoffen, dass Ihnen dieser Reiseführer gefällt und er Ihnen ein guter Begleiter auf einer außergewöhnlichen und spannenden Reise ist.

Weil ein Reiseführer von Erfahrungen lebt, sind wir an Ihren Erlebnissen interessiert: Haben Sie im Buch ein Restaurant entdeckt, das es nicht mehr gibt, eine Sehenswürdigkeit, die wir noch nicht aufgeführt haben, oder eine falsche Adresse? Dann schreiben Sie uns!

Wir nehmen jeden Hinweis und jede Kritik ernst und arbeiten kontinuierlich daran, die Bücher aktuell zu halten und immer weiter zu verbessern. Auch wenn wir nicht jeden Wunsch erfüllen können, machen wir uns immer Gedanken über Ihre Anmerkungen.

Schreiben Sie an: info@reise-know-how.de oder Reise Know-How Verlag Peter Rump GmbH, Postfach 140666, 33626 Bielefeld

Wenn sich Ihre Infos direkt auf das Buch beziehen, bitten wir um die Angabe der Seitenzahl und der Auflagennummer bzw. des Erscheinungsjahres. Besonders hilfreiche Beiträge belohnen wir mit einem Sprachführer Ihrer Wahl aus unserer „Kauderwelsch"-Reihe.

Herzlichen Dank und gute Reisen
Ihr Reise Know-How Verlag

Diesem Buch wurde hier ein herausnehmbarer Faltplan beigefügt.
Sollte er beim Erwerb des Buches nicht mehr vorhanden sein, fragen Sie bitte bei Ihrem Buchhändler nach.

Liebe Leserin, lieber Leser,

ein unabhängiger Verlag für unabhängig Reisende – das sind wir, der Reise Know-How Verlag aus Bielefeld, eines der letzten Familienunternehmen in der Branche. Obwohl wir zu den größten Reiseführerverlagen Deutschlands gehören, ist der familiäre Umgang miteinander in allen Bereichen des Verlagslebens zu spüren: In der Geschäftsführung in zweiter Generation, in einer wertschätzenden Arbeitsatmosphäre, in der Nähe zu unseren frei arbeitenden Autorinnen und Autoren, im engen Austausch mit unseren Leserinnen und Lesern – und auch in der Zusammenarbeit mit Druckereien in Deutschland, in denen wir ausschließlich und regional unsere Bücher produzieren. Die sollen schließlich erst mit Ihnen auf große Reise gehen.

Alles, was wir in unsere Bücher und Landkarten stecken, soll Ihnen eines ermöglichen: Auf Ihre ganz eigene, individuelle Weise die Welt zu entdecken. Wir wünschen Ihnen viel Freude und unvergessliche Erlebnisse mit diesem Reiseführer.

Es grüßen herzlich
Peter Rump & Wayan Rump

Einzigartige Natur, historische Städte und jede Menge Attraktionen

Die Lüneburger Heide gehört zu den beliebtesten Urlaubszielen in Deutschland. Die Region im Norden des Landes ist ein abwechslungsreiches Reiseziel, das sich gleichermaßen für Alleinreisende, Paare und Familien eignet und besonders während der Heideblüte im Spätsommer Urlauber aus aller Welt anzieht.

Die leicht hügelige, von der letzten Eiszeit geformte Kulturlandschaft bietet sich sowohl für einen Kurztrip als auch für einen längeren Aufenthalt an. Naturliebhaber können auf ausgezeichneten Wander-, Rad- und Reitwegen die Heide erkunden und mit dem 169 m hohen Wilseder Berg den höchsten Gipfel des Norddeutschen Tieflands erklimmen. Wer kleine, historische Dörfer mag, in denen die Zeit stillzustehen scheint, ist hier genauso richtig wie der, der größere, lebhafte Städte besuchen möchte. Zudem sorgen allein 18 Freizeitparks dafür, dass keine Langeweile aufkommt. Das Spektrum reicht dabei vom Heide Park Resort (s. S. 71) mit atemberaubenden Fahrgeschäften über Kletterparks, Indoor-Skilauf-Hallen und Kartbahnen bis hin zu Wildparks und dem Weltvogelpark Walsrode (s. S. 109).

In diesem Reiseführer finden Sie alle Informationen, die Sie für einen unvergesslichen Urlaub in der Lüneburger Heide brauchen, egal ob Sie nur für einen Kurztrip kommen oder länger bleiben wollen. Wir wünschen Ihnen einen erholsamen Urlaub, spannende Erlebnisse und bleibende Eindrücke und hoffen, dass dieses Buch zum Gelingen der Reise beiträgt und sich als verlässlicher Begleiter erweist.

Die Autoren

Hartmut Engel ist seit mehr als 30 Jahren als Reisebuchautor tätig. In dieser Zeit hat er rund zwei Dutzend Reisebücher verfasst. Er lebt seit seiner Kindheit in der Nordheide am Rande Hamburgs. Zu Fuß, mit dem Rad und gelegentlich auf dem Rücken eines Pferdes hat er die Lüneburger Heide in alle Richtungen durchstreift und auch unbekanntere Winkel erkundet. Er gilt als ausgewiesener Kenner der Region. Zusammen mit Tochter Friederike hat er den Wanderführer „Heidschnuckenweg" verfasst, der inzwischen in der 4. Auflage vorliegt.

Lars Engel ist am Rande Hamburgs in der Fischbeker Heide aufgewachsen, die einen Großteil seiner Kindheit geprägt hat. Er verbringt viel Zeit in der faszinierenden Heidelandschaft, aber schon früh wurde auch sein Interesse am Reisen geweckt. Bereits mit 18 Jahren machte er sich allein auf nach Nordamerika und reiste über ein Jahr lang kreuz und quer durch die kanadische Wildnis. Als aktiver Sportler und Abenteurer erkundet er die Welt gern auf eigene Faust und stellt sich mit Begeisterung jeder Herausforderung.

095ml-hpe

Unsere

001ml-hpe

2 Naturschutzgebiet Fischbeker Heide

Die Fischbeker Heide am äußersten Südwestrand Hamburgs ist mit fast 800 Hektar Fläche eines der größten Naturschutzgebiete der Hansestadt. Die eindrucksvolle Heidelandschaft wird von einer Reihe exzellenter Wanderwege erschlossen (s. S. 23).

002ml-hpe

5 Lüneburg

Die alte Salz- und Hansestadt Lüneburg gehört mit ihrer mittelalterlichen Altstadt, in der einige Häuser und Türme wegen des jahrhundertelangen Salzabbaus besorgniserregend schief stehen, zu den schönsten Städten Deutschlands, bietet mit vielen kleinen Geschäften ein besonderes Einkaufserlebnis und mit der Salztherme ein einmaliges Erlebnisbad (s. S. 29).

003ml-hpe

9 Büsenbachtal

Das Büsenbachtal mit dem stellenweise unterirdisch fließenden Büsenbach ist einer der schönsten Orte der Nordheide. Rechts und links steigen mit Heide bewachsene Hügel an und vom 79 m hohen Pferdekopf hat man einen traumhaften Blick ins Tal (s. S. 40).

004ml-hpe

16 Wilsede

Das winzige Heidedorf, das nur zu Fuß, mit dem Fahrrad oder per Pferdekutsche zu erreichen ist, versprüht den Charme längst vergangener Tage und gleicht einem lebendigen Museumsdorf. Es ist das Zentrum der Lüneburger Heide und Ausgangspunkt für zahlreiche Wanderungen, z. B. auf den Wilseder Berg oder zum Talkessel des Totengrunds (s. S. 48).

Bewertung der Sehenswürdigkeiten

★★★ nicht verpassen
★★ besonders sehenswert
★ wichtig für speziell interessierte Besucher

Updates zum Buch

www.reise-know-how.de/meintrip/heide24

CELLE
TOURISMUS
Celle. So schön.
...und immer eine Reise wert.
Direkt in Celles Altstadt finden sich rund 500 pittoreske Fachwerkhäuser, viele inhabergeführte Geschäfte, einladende Cafés und Restaurants, das Schloss mit Barocktheater, die Museen und Bauhaus-Architektur – Celle hat immer etwas zu bieten.
www.celle-tourismus.de

Benutzungshinweise

Orientierungssystem

Die in den folgenden Kapiteln beschriebenen Attraktionen sind jeweils mit einer **fortlaufenden magentafarbenen Nummer** (1) gekennzeichnet, die sich als Ortsmarke im Faltplan wiederfindet. Steht die Nummer im Fließtext, verweist sie auf die ausführliche Beschreibung dieser Attraktion.

Alle weiteren Points of Interest wie Unterkünfte, Restaurants oder Cafés tragen ein **Symbol und eine fortlaufende rote Nummer** (**1**).

Die Angabe in **eckigen Klammern** verweist auf das Planquadrat im Faltplan bzw. auf die Seitenzahl des Ortsplans. Beispiele:

5 Lüneburg ★★★ [F3]

M18 [S. 144] Deutsches Salzmuseum

Befinden sich Points of Interest außerhalb der Ortspläne, kann ihre Lage wie die aller Ortsmarken mithilfe der **begleitenden Web-App** (s. S. 144) angezeigt werden:
www.reise-know-how.de/meintrip/heide24

Der Schmetterling ...

... zeigt an, wo man besonders gut Natur erleben kann oder Angebote im Bereich des nachhaltigen Tourismus findet.

Kinder-Tipps

Das Symbol kennzeichnet Sehenswertes, Unterkünfte und Aktivitäten, an denen auch kleine Urlauber ihre Freude haben.

Preiskategorien

Gastronomie

Durchschnittspreis für ein Hauptgericht ohne Getränke:

€	bis 15 €
€€	15–25 €
€€€	ab 25 €

Unterkünfte

Durchschnittspreis für ein Doppelzimmer mit Frühstück:

€	bis 80 €
€€	80–120 €
€€€	ab 120 €

010ml-hpe

Lüneburger Heide – ein Porträt

Die Lüneburger Heide ist eine sanft wellige Hügellandschaft im Nordosten Niedersachsens. Sie erstreckt sich zwischen der Elbe im Nordosten und der Aller im Südwesten. Im Westen wird sie von der Stader Geest begrenzt und im Osten vom Wendland.

Das **hügelige Landschaftsbild** wurde erst sehr spät in der Erdgeschichte geformt. Es entstand in der Saale-Kaltzeit, die vor etwa 230.000 Jahren begann und vor ca. 100.000 Jahren endete. Besiedelt war das Gebiet schon in der Jungsteinzeit (Neolithikum, ab etwa 5000 v. Chr.). Heute zeugen noch mehr als 1000 Hügelgräber von dieser Zeit. Einige findet man z. B. in der Fischbeker Heide (siehe Kapitel Harburger Berge, S. 22).

Vorseite: Am Heidesee bei Müden (Örtze) 31

Zunächst lebten die Menschen noch nomadisch, erst ab etwa 800 v. Chr. wurden sie sesshaft und betrieben intensive Landwirtschaft. Dies führte dazu, dass die Wälder mehr und mehr zurückgedrängt wurden und sich die Heiden, vor allem Besenheide, ausbreiten konnten. Schon in dieser Zeit entstand die typische Heidelandschaft, wie wir sie heute kennen.

Die Heide ist also nicht natürlichen Ursprungs, sondern von Menschen gemacht und wird daher folgerichtig **Kulturlandschaft** genannt. Soll diese Landschaft erhalten bleiben, muss sie ständig gepflegt werden. Ansonsten würde sie verbuschen und es würden wieder Wälder entstehen. Um dies zu verhindern, werden vor allem **Heidschnucken** als natürliche Landschaftspfleger eingesetzt.

Neben den Heidschnucken ist eine weitere, seit Jahrhunderten gehaltene Nutztierart aus der Heide nicht

Heidjer-Platt

Das Lüneburger Platt, ein regionaler Dialekt, wird heute nur noch von den wenigsten Heidjern benutzt und wie andere Sprachen dieser Art ist es wohl nicht mehr lange hin, bis es ganz aus der Alltagssprache verschwunden ist. Das ist schade, denn das Heidjer Platt klingt sehr schön und ist eigentlich intuitiv leicht zu verstehen, wie die folgenden Beispiele zeigen:

Lümborger Heid	Lüneburger Heide
Eten	Essen
Drinken	Trinken
Ketüffel	Kartoffel
Solt	Salz
Peper	Pfeffer
Pannkoken	Pfannkuchen
Buddel	Flasche
Beer	Bier
Kööm	Schnaps
Klödenkööm	Eierlikör
Wien	Wein
Kroog	Gasthaus
Kröger	Gastwirt
Klöönen	Plaudern, Klönen
Klööndöör	Tür, deren obere Hälfte zum Klönen separat geöffnet werden kann
Döör	Tür
Deel	Diele

wegzudenken: die **Biene.** Noch heute sind an vielen Orten die traditionellen Bienenzäune mit ihren aus Stroh geflochtenen Körben zu sehen, die aber meist nur noch Museumsstücke sind und nicht mehr für die Bienenhaltung genutzt werden. Stattdessen verwenden die Heideimker heute ebenfalls die modernen Magazin-Beuten. Den typischen Heidehonig mit seinem einzigartigen Geschmack (s. S. 78) gibt es aber auch heute noch an vielen Orten in der Gegend zu kaufen.

In der Lüneburger Heide leben heute an die 900.000 Menschen. Sie alle können sich als **Heidjer,** wie die plattdeutsche Bezeichnung für Heidebewohner lautet, bezeichnen. „Echte" Heidjer, die auch noch den regionalen Dialekt des **Heidjer-Platts** sprechen, werden dagegen immer weniger und so wird es wohl bald damit vorbei sein, dass „in de Lümborger Heid Platt snackt ward".

Wer bei den Heidjern (und den Touristen sowieso) groß auftrumpfen möchte, der kann ja immer mal wieder einen Brocken des Heidjer-Platts in die Unterhaltung einfließen lassen.

Die Lüneburger Heide, so wie wir sie hier unabhängig von ihrer naturräumlichen Abgrenzung kennen, erstreckt sich vom Südrand Hamburgs in einem mehr oder weniger breiten Korridor südwärts bis nach Celle. Eine Vorstellung von ihrer Ausdehnung bekommt man, wenn man auf einer Landkarte von Hamburg aus über die Städte Walsrode, Celle, Uelzen und Lüneburg eine Linie zieht, die wieder in Hamburg endet.

In diesem Gebiet findet man eine Vielzahl an vom Tourismus geprägten Regionen. Ganz im Norden, im Grenzgebiet zwischen Hamburg und Niedersachsen sind die **Harburger Berge** (s. S. 22) ein beliebtes Naher-

Heidschnucken

Die Heidschnucke, genauer, die Graue Gehörnte Heidschnucke, ist das Wappentier der Lüneburger Heide. Sie gehört zu den Nordischen Kurzschwanzschafen und stammt wohl von den Mufflons ab.

Die genügsamen Tiere haben sich ideal an die Bedingungen in der Lüneburger Heide angepasst. Sie fressen gern die Triebe der Heide, die dadurch verjüngt wird. Darüber hinaus schmecken ihnen auch die aufwachsenden jungen Bäume und Sträucher, die keine Chance haben, groß zu werden und einen neuen Wald zu bilden.

Neben ihrem Dienst als Landschaftspfleger liefern die bis zu 60 kg schweren Tiere auch ein hervorragendes Fleisch, das einen leicht wildartigen Geschmack hat (siehe Lüneburger Heide kulinarisch, S. 128). Ihre Wolle findet dagegen kaum Abnehmer. Sie ist lang und strähnig und nur für grobe Gewebe geeignet.

Insgesamt gibt es in der Lüneburger Heide 13 Herden mit etwa 9000 Tieren die ganzjährig gehütet werden.

011ml-hpe

Naturschutzgebiet oder Naturpark?

Bei vielen gehen die Begriffe Naturschutzgebiet und Naturpark durcheinander. Was ist was und wie unterscheiden Sie sich? Naturschutzgebiete und Naturparke sind nicht ein- und dasselbe. Sie bezeichnen unterschiedliche Landschaftselemente, die sich vor allem hinsichtlich ihres Schutzstatus unterscheiden.

Naturschutzgebiete sind laut Bundesnaturschutzgesetz rechtsverbindlich festgelegte Gebiete, in denen ein besonderer Schutz von Natur und Landschaft erforderlich ist und gilt. Sie gehören, gleich nach den Nationalparks, zu den sehr streng geschützten Flächen. Ihre Größe kann zwischen etwa 1 ha und über 500.000 ha betragen. Mit mehr als 23.000 ha gehört das Naturschutzgebiet Lüneburger Heide zu den größeren in Deutschland.

Ein Naturpark ist hingegen ein immer großräumiges Gebiet, das zu mehr als 50 % aus Landschafts- und/oder Naturschutzgebieten besteht, eine große Arten- und Biotopvielfalt enthält und durch vielfältige Nutzungen als Kulturraum geprägt ist. Naturparks eignen sich besonders zur Erholung und für nachhaltigen Tourismus. Ein Naturpark enthält neben den streng geschützten Naturschutzgebieten dementsprechend auch Gebiete, die weniger oder auch gar nicht geschützt sind. In der Lüneburger Heide gibt es zwei Naturparks: im Norden den Naturpark Lüneburger Heide, der u. a. das Naturschutzgebiet Lüneburger Heide beinhaltet, und im Süden den Naturpark Südheide mit insgesamt zehn Naturschutzgebieten.

holungsgebiet. Neben großflächigen Buchenwäldern findet man hier mit der **Fischbeker Heide** 2 ein ausgedehntes Heidegebiet, das eines der größten Naturschutzgebiete der Hansestadt ist. Am Rand der Harburger Berge liegen kleine Dörfer. In **Vahrendorf** 4 befinden sich mit dem Freilichtmuseum am Kiekeberg und dem Wildpark Schwarze Berge zwei weit über die Region hinaus bekannte Sehenswürdigkeiten. Wer in dieser Region Urlaub machen möchte, kann das gut mit einem Besuch von Hamburg verbinden, wo man Unterkünfte jeder Art findet.

Weiter südlich darf man einen Besuch des **Büsenbachtals** 9 bei Handeloh auf gar keinen Fall verpassen. Es gilt als eine der schönsten Heideflächen, hat einen verwunschenen Bach, der streckenweise unterirdisch verläuft und mit dem Pferdekopf einen schönen Aussichtsberg. Das Gebiet wird von zahlreichen Wanderwegen erschlossen und wer Lust hat, kann über den Brunsberg und durch die Höllenschlucht bis ins nördlich gelegene **Buchholz**, der größten Stadt des Landkreises Harburg, wandern.

Einzigartig – und von vielen als *die* Heide schlechthin angesehen – sind die Gebiete rund um den **Wilseder Berg** (s. S. 49), der weiter südlich mitten im Naturpark Lüneburger Heide liegt. Rund um den höchsten Berg des Norddeutschen Tieflands bedecken große, zusammenhängende Heideflächen den sandigen Boden. Mit **Wilsede** (s. S. 48) lockt ein autofreies Dorf, das nur zu Fuß, mit dem Rad oder der Pferdekutsche zu erreichen ist und das wie aus der Zeit gefallen scheint. Wer will, kann dort in einem historischen Bauernhaus übernachten oder in den umliegenden kleinen, typischen Hei-

012ml-hpe

deorten wie **Undeloh** 13 oder den nur aus wenigen Häusern bestehenden Weilern **Nieder- und Oberhaverbeck** (s. Haverbeck 17).

Nur etwas weiter südlich liegt **Bispingen** 22. Hier sind alle gut aufgehoben, die neben der Natur auch Action lieben. Kartbahn, Ganzjahres-Skihalle, ein umgedrehtes Haus, ein Abenteuerlabyrinth und vieles mehr warten auf Besucher. Übernachten kann man „normal", in urigem Ambiente in einem Blockhütten-Resort oder in einem Freizeitpark, wo man auch in einem Baumhaus schlafen kann.

Weiter im Osten liegt der Luftkurort **Schneverdingen** 19. Neben großen Heideflächen hat der Ort mit dem 2,5 km² großen Pietzmoor, dem größten Moor der Heide, ein lohnendes Ziel zu bieten. Darüber hinaus bietet Schneverdingen mit dem alljährlich im August stattfindenden Heideblütenfest ein besonderes Event.

Von Schneverdingen oder Bispingen ist es nicht weit zum südlich gelegenen **Soltau** 27, das vor allem wegen einem der größten deutschen Freizeit- und Themenparks bekannt ist. Einzigartig ist das Spielmuseum, in dem sich nicht nur die Kleinen kaum sattsehen können. Wer dann noch Bewegung braucht, ist in der Soltau-Therme, einem Sole- und Allwetterbad mit großzügiger Saunalandschaft, genau richtig.

Auf der anderen Seite der Autobahn A7, nur wenige Kilometer östlich von Soltau, liegt **Munster** 28. Vielen nur als großer Truppenübungsplatz bekannt, bietet es aber mit dem wunderbaren Lopautal und einem **Geisterdorf** 29 zwei verlockende Reiseziele und wer sich für Kriegsgerät interessiert, der kann sich in Deutschlands einzigem Panzermuseum umschauen.

Honigliebhaber sollten einen Besuch der Gemeinde **Wietzendorf** 30 in Erwägung ziehen. Der Ort ist weit über die Region hinaus als Honigdorf bekannt.

Spaziergang in der Heide bei Niederhaverbeck 17

015ml-hpe

Steckbrief Lüneburger Heide

- **Fläche:** 7500 km²
- **Größte Ausdehnung:** Nord-Süd ca. 90 km, Ost-West ca. 60 km
- **Einwohner:** ca. 870.000
- **Größte Städte:** Lüneburg (ca. 76.000 Einwohner), Celle (ca. 70. 000 Einwohner)
- **Kleinster Ort:** Wilsede (ca. 30 Einwohner)
- **Höchster Berg:** Wilseder Berg (169 m)
- **Flüsse:** Aller (260 km), Wümme (121 km), Ilmenau (86 km), Böhme (71 km), Örtze (62 km), Luhe (58 km), Seeve (42 km)
- **Größtes Moor:** Pietzmoor (2,5 km²)
- **Naturpark Lüneburger Heide:** 1078 km²
- **Naturschutzgebiet Lüneburger Heide:** 234 km²

Gleich im Süden von Munster liegt der **Naturpark Südheide** (s. S. 80), der sich auf ein Areal um die sehenswerten Orte **Müden (Örtze)** 31, **Hermannsburg** 33 und **Unterlüß** konzentriert. Die Heideflächen in dieser Region sind spärlicher und kleiner als weiter nördlich. Dafür findet man hier große Nadelwaldbestände.

Etwas südwestlich liegt **Bergen-Belsen** 34, wo in einem bemerkenswerten Dokumentationszentrum die Geschichte des ehemaligen Konzentrationslagers aufgearbeitet wird und eine nachdenklich stimmende Gedenkstätte errichtet wurde.

Weiter westlich kommt man am Rand der Südheide nach **Walsrode** 40 und **Bad Fallingbostel** 41, die sich touristisch unter dem gemeinsamen Namen **Vogelpark-Region** vermarkten. Hier ist es vor allem der

Perfekt zum Ausspannen: die Jod-Sole-Therme in Bad Bevensen (s. S. 91)

Weltvogelpark Walsrode, der Besucher in Scharen anlockt.

Wenige Kilometer weiter in südlicher Richtung befindet sich **Hodenhagen** mit dem **Serengeti-Park** 43. Der Zoo und Freizeitpark gilt als größter Safaripark Europas, durch den man mit dem eigenen Auto fahren und Tiere ohne Zäune sehen kann. Wer in der „Serengeti“ übernachten will, muss nicht nach Afrika reisen, sondern kann das auch in der Heide tun.

Ein besonderes Kleinod und großer Touristenmagnet ist die alte Residenzstadt **Celle** 37 am südlichen Rand der Heide. Ein Spaziergang durch die Altstadt mit über 500 historischen Fachwerkhäusern versetzt einen um Jahrhunderte zurück. Das gilt auch für das Celler Schloss, dessen Schlosstheater als ältestes noch bespieltes Theater Deutschlands gilt und das wohl das älteste Barocktheater Europas ist.

Am östlichen Rand, etwas außerhalb des Kerngebiets der Lüneburger Heide liegen wie an einer Perlenschnur aufgereiht die drei Städte Lüneburg, Bad Bevensen und Uelzen, die mehr als nur einen Abstecher wert sind. Die alte Salz- und Hansestadt **Lüneburg** 5 punktet u.a. mit der mittelalterlichen Altstadt, den schiefen Gebäuden und Kirchtürmen, einem Theater, mehreren Museen und dem Meerwasserwellenbad SaLü. In der Weihnachtszeit lockt ein beliebter historischer Weihnachtsmarkt zahlreiche Gäste an.

Die Kurstadt **Bad Bevensen** 35 gehört mit ihrer Jod-Sole-Therme zu den führenden Heilbädern Norddeutschlands und ist das einzige in der Lüneburger Heide. Höhepunkt im Jahresverlauf ist das Heidekartoffelfest mit der Wahl der Heidekartoffelkönigin.

Unsere Literaturtipps

- **Sagenhafte Lüneburger Heide,** Matthias Rickling, Sutton Verlag, 2018. Der Autor erzählt in dieser Sammlung uralter Geschichten aus der Heide von Riesen, Hexen und Dämonen.
- **Landleben in der Heide: Volkskundliche Fotografien von Wilhelm-Carl-Mardorf,** Text von Andreas Vonderach, Boyens Buchverlag, 2005. Das Buch zeigt in eindrucksvollen Bildern die bäuerliche Lebens- und Arbeitswelt in der Heide in den dreißiger Jahren des vorigen Jahrhunderts.
- **Die Safari meines Lebens,** Fabrizio Sepe, Maximum Verlag, 2013. Der Geschäftsführer und Inhaber des Serengeti-Parks Hodenhagen erzählt in dem lesenswerten Buch von seinem Leben und der Entwicklung des Parks und wirbt um Verständnis für den Tierschutz.
- Wer sich für **Krimis,** die in der Heide spielen, interessiert, dem seien die 10 Bände um die **Kommissarin Katharina von Hagemann** empfohlen: Geschrieben wurden sie von Kathrin Hanke und Claudia Kröger. Erschienen sind sie im Gmeiner-Verlag.

Die Kreisstadt **Uelzen** 36 hat mit dem Hundertwasser-Bahnhof ein Alleinstellungsmerkmal zu bieten, das nicht nur von Architekturbegeisterten bewundert wird. Das Uelzener Theater gehört zu den größten der Region und wer mehr Kultur will, kann zwischen verschiedenen Museen wählen. Musikliebhaber können am OPEN R, dem größten Musikereignis in der Lüneburger Heide, teilnehmen.

Unterkunft finden

Die besten Standorte

Wer in die Lüneburger Heide kommt und nicht nur einen Tag bleiben will, hat eine fast unüberschaubare Zahl an **Übernachtungsmöglichkeiten**, die von einfachen Gästezimmern über Pensionen und Gasthäuser bis zu luxuriösen Hotels reichen. Jugendherbergen, Camping- und Wohnmobilstellplätze vervollständigen das Angebot.

Wer eine Unterkunft sucht und weiß, wo er übernachten möchte, kann sich an die jeweiligen **Touristenbüros** wenden, die nicht nur eine Übersicht bieten, sondern oft die Buchung auch gleich vornehmen können. Diesen Service bieten die Büros auch im Internet an. Darüber hinaus besteht auch die Möglichkeit, über Portale im Internet zu buchen. Man sollte aber bedenken, dass dabei Gebühren anfallen, die dem Betreiber der Unterkunft in Rechnung gestellt werden. Besser und manchmal auch günstiger ist es, wenn man direkt auf der Website des Betreibers bucht. Der freut sich jedenfalls über die gesparten Gebühren.

Wenn wir nach den **besten Standorten** gefragt werden, dann antworten wir immer: Die gibt es in der Lüneburger Heide überall. Sie hängen von den eigenen Vorlieben ab, vom Geldbeutel und wie man in der Heide unterwegs ist. Wer mit dem Pkw vor Ort ist, ist flexibel. Wer eine Langstreckenwanderung oder längere Fahrradtour macht, ist an Unterkünfte entlang des Weges gebunden. Wenn man nach dem Tagesaufenthalt in der Heidelandschaft abends noch etwas erleben möchte, wählt man die größeren Städte wie Lüneburg, Celle oder auch Hamburg.

Menschen, die Action mögen, finden passende Unterkünfte z. B. bei Bispingen und Soltau. Und für alle, die Ruhe und Natur schätzen, gibt es direkt an den Heideflächen Unterkünfte mitten in der Natur, wo die Heidschnucken bis an die Terrasse kommen.

In den meisten Orten muss eine zusätzliche **Kurabgabe** bzw. **Betten- oder Beherbergungssteuer** bezahlt werden (Kinder und Jugendliche oft frei, Menschen mit Handicap oft vergünstigt), die meist zwischen 1 € und 3 € pro Person und Nacht beträgt.

Die besondere Unterkunft

- **1 Cap San Diego** €€€, Überseebrücke 1, 20459 Hamburg, Tel. 040 364209, https://capsandiego.de/hotel. **Mal Kapitän spielen und auf einem großen Stückgutfrachter übernachten?** Das ist möglich auf der Cap San Diego, dem größten fahrtüchtigen Museumsschiff der Welt. Das Schiff liegt an der Überseebrücke an den St. Pauli-Landungsbrücken im Hamburger Hafen. Es verfügt über mehrere Kabinen, die alle originalgetreu restauriert und modernisiert wurden. Besonders empfehlenswert ist die luxuriöse Kapitänssuite. Eine frühzeitige Reservierung ist unbedingt angeraten.
- › **Hof Wörme** €€, Demeterhof Wörme (s. S. 42), Tel. 04187 609849, https://hofgemeinschaftwoerme.de. **Wohnen im historischen Teichhaus auf dem Demeterhof Wörme.** Etwas abseits vom Hofgeschehen befindet sich das Ferienhaus mit schönem Blick auf einen Teich. Das Fachwerkhaus aus dem 17. Jh., ein ehemaliger Getreidespei-

Übernachten ohne Straßenlärm: im Gasthaus Zum Heidemuseum in Wilsede

cher, bietet in zwei Schlafräumen, Küche und Wohnbereich bis zu sechs Personen reichlich Platz.

3 Schäferdorf Wildpark Lüneburger Heide €€, Wildpark 1, 21271 Nindorf, Tel. 04184 8504880, https://schaeferdorf.de. **Übernachten im gemütlichen Schäferwagen direkt am Wildpark Lüneburger Heide.** Im sog. Schäferdorf mit kostenlosem Zugang in den Park stehen sechs gemütliche Schäferwagen (für bis zu fünf Personen) und acht kleine Häuschen (für bis zu sechs Personen) zur Verfügung. Gäste des Schäferdorfs können sich gegen eine Gebühr E-Bikes ausleihen. Mindestaufenthalt zwei Nächte, im Januar und Februar geschlossen.

4 Gasthaus Zum Heidemuseum €€, Wilsede 9, 29646 Bispingen, Tel. 04175 217, https://zum-heidemuseum.eu. **Übernachten in einem autofreien, ursprünglichen Heidedorf.** In Wilsede gibt es mehrere Übernachtungsmöglichkeiten, z. B. das Gasthaus Zum Heidemuseum, wo es nebenan im Haus Domitzlaff insgesamt 12 Einzel- und Doppelzimmer gibt. Vermietet werden auch zwei Katen mit Küche für Selbstversorger.

5 Biohotel Spöktal €€€, Spöktal 1–2, 29646 Bispingen – OT Steinbeck, Tel. 05194 2320, https://biohotel-spoektal.de. **Das Biohotel Spöktal ist das erste seiner Art in der Lüneburger Heide.** Verschiedene Häuser, Appartements und Zimmer verteilen sich auf dem 20 ha großen Gelände im Bispinger Ortsteil Steinbeck. Ein Café mit leckeren, selbstgebackenen Kuchen und Torten und ein Büfett-Restaurant runden die Sache ab. Und alles ist Bio-zertifiziert.

6 Hotelcamp Reinsehlen €€€, Camp Reinsehlen 1, 29640 Schneverdingen, Tel. 05198 9830, www.campreinsehlen.de. **In absoluter Alleinlage mitten in einer der größten Magerrasenflächen Norddeutschlands.** Das Naturhotel ist ideal für Naturliebhaber und Wanderer, die direkt am Hotel starten können. Mit etwas Glück kommen die Heidschnucken direkt an die Terrasse.

7 Woltersburger Mühle €€, Woltersburger Mühle 1, 29525 Uelzen, https://woltersburger-muehle.de. **Historische Mühle auf einem idyllischen Areal und dicht umschlossen von einem Laubwald.** Die Mühle an der Wipperau etwas außerhalb Uelzens ist ein Ort, an dem

016ml-hpe

014ml-sph

soziales Engagement, Ökologie und die Beschäftigung mit dem Glauben einander die Hand reichen. Sie wirbt als Friedensort für ein weltoffenes, tolerantes Zusammenleben aller Menschen. Neben Häusern mit Bad und Küche und Zimmern mit Bädern auf dem Flur gibt es ein Café. Mindestaufenthaltsdauer zwei Nächte.

8 Jugendherberge Müden (Örtze) €, Wiesenweg 32, 29328 Müden (Örtze), Tel. 05053 225, https://jugendherberge.de/jugendherbergen/mueden oertze. **Wunderschöne Lage unter hohen Laubbäumen direkt am Ufer der Örtze mit Zugang zum eigenen Sandstrand.** Auf dem ausgedehnten Freigelände etwas südlich des Zentrums stehen verschiedene Sportmöglichkeiten zur Verfügung, es gibt eine Grillhütte und einen Kinderspielplatz. An manchen Tagen kommt der Dorfbäcker und backt im Steinofenbackhaus frisches Brot. Neben Ein-, Zwei- und Mehrbettzimmern steht auch ein Appartement für bis zu neun Personen mit eigener Küchenzeile zur Verfügung. Wer lieber zeltet, findet im weitläufigen Zelt-Camp mit eigenen Sanitäranlagen einen Platz.

9 Serengeti-Park Hodenhagen €€€, Am Safaripark 1, 29693 Hodenhagen, Tel. 05164 979990, https://serengeti-park.de. **Urlaub wie in Afrika.** In unterschiedlichen Lodges übernachtet man umgeben von Wildtieren direkt im Park. Man kann auch kleinere Wohnmobile (Pickups) mieten und in von Rangern ausgewiesenen Arealen übernachten. Auch für das eigene Wohnmobil gibt es einen Stellplatz für die Nacht.

10 [S. 104] **Hotel Celler Hof** €€€, Stechbahn 11, 29221 Celle, Tel. 05141 911960, https://cellerhof.de. **Übernachten in einer romantischen Fachwerkstadt.** Direkt in der Fußgängerzone in der historischen Altstadt und nur wenige Gehminuten vom Welfenschloss entfernt bietet das Hotel Celler Hof erstklassige Bedingungen, um die Stadt mit ihrem in Europa einmaligen mittelalterlichen Fachwerkensemble zu erkunden.

⌃ *In den Lodges im Serengeti-Park fühlt man sich wie in Afrika*

› *Im Innern des Hundertwasser-Bahnhofs in Uelzen (s. S. 97)*

Wie die Region am besten erkunden?

Am besten und nachhaltigsten ist man in der Lüneburger Heide **zu Fuß** unterwegs. Die in diesem Buch beschriebene Region wird von einem engmaschigen Netz an hervorragend gepflegten und markierten Wanderwegen erschlossen. Bis auf wenige Ausnahmen sind alle Ortschaften durch Wanderwege miteinander verbunden. Darüber hinaus führen von Nord nach Süd und von West nach Ost mehrere Langstreckenwanderwege durch die Heide. Für das **Radfahren** lässt sich sinngemäß das Gleiche sagen. Auch Radler können nahezu jeden Ort in der Heide bequem erreichen (s. S. 119).

Fast jeder Ort in der Lüneburger Heide ist **per Bus oder Bahn** erreichbar. Allerdings sollte man bedenken, dass vor allem die kleineren Orte teilweise (meist außerhalb der Saison) nur ein- oder zweimal täglich angefahren werden, am Wochenende manchmal gar nicht. Eine gewisse Vorausplanung ist also nötig. Das gilt auch für Radler, die ihre Räder in den normalen Bussen nicht mitnehmen können.

Darüber hinaus verkehren während der Hauptsaison in einigen Regionen kostenlose **Shuttlebusse**, die auch einen Anhänger für Fahrräder haben. Am bekanntesten und am besten ausgebaut ist der Heide-Shuttle (s. S. 20).

Ebenfalls wichtig für die Personenbeförderung in der Heide sind **Kutschen**. Kutschfahrten werden allerorten angeboten und sind manchmal die einzige Möglichkeit, um einen bestimmten Punkt zu erreichen, wenn man nicht zu Fuß gehen oder mit dem Fahrrad fahren möchte. Allerdings befördern die Kutscher keine Fahrräder.

017ml-hpe

Praktische Reisetipps zum ÖPNV

Bahn

Durch die Lüneburger Heide verlaufen mehrere Bahnlinien, die von unterschiedlichen Gesellschaften betrieben werden. Da Strecken von Zeit zu Zeit neu ausgeschrieben werden, können sich jederzeit Änderungen ergeben.

- IC/ICE: Hamburg – Lüneburg – Uelzen – Celle – Hannover (DB)
- RE 3/RB 31: Hamburg – Lüneburg – Uelzen (metronom)
- RE 20: Uelzen – Magdeburg (DB Regio)
- RB 37: Bremen – Soltau – Uelzen (Start Niedersachsen)
- RB 38: Hannover – Soltau – Buchholz (Start Niedersachsen)
- RB 47: Uelzen – Gifhorn – Braunschweig (erixx)
- Infos: https://bahn.de (DB Regio und DB), https://start-ni-mitte.de (Start Niedersachsen), https://starterixx.de (erixx), https://der-metronom.de (metronom)

Kutschen wie hier in Undeloh (13) *sind mancherorts die einzigen Verkehrsmittel*

093ml-hpe

Busse

Folgende Unternehmen bzw. Verkehrsverbünde sind für den Busverkehr in den einzelnen Regionen zuständig.

- **Verkehrsgemeinschaft Nordost-Niedersachsen VNN** (https://vnn.de): deckt mit verschiedenen Gesellschaften u. a. die Landkreise Lüneburg, Uelzen und Harburg ab
- **Hamburger Verkehrsverbund HVV** (https://hvv.de): Linienverkehr im gesamten Hamburger Stadtgebiet und in der nördlichen Nordheide
- **Verkehrsgemeinschaft Heidekreis** (https://verkehrsgemeinschaft-heidekreis.de): Busverkehr im Heidekreis
- **Freizeitbus Uelzen,** https://urlaub-aller-leine-tal.de/erlebnisbus und https://vbn.de. Die Busse, die teilweise zu dem regulären Liniennetz gehören, decken die Region um Uelzen weiträumig ab und schließen Lüneburg und Bad Bevensen ein, teilweise Fahrradmitnahme möglich.
- **CeBus Celle** (https://cebus-celle.de): Busverkehr in und um Celle einschließlich Naturpark Südheide

Die folgenden **kostenlosen Busse** verkehren nur in der Hauptsaison.

- **Heide-Shuttle,** https://heide-shuttle.de. Die Shuttlebusse (mit Fahrradmitnahme) decken auf fünf Linien – Ringe genannt – in einem Dreieck zwischen Buchholz, Soltau und Lüneburg mit 100 Haltestellen einen Großteil der Nordheide ab. Sie fahren vom 15. Juli bis 15. Oktober zwischen 8 und 22 Uhr bis zu sechsmal täglich.
- **Erlebnisbus,** https://urlaub-aller-leine-tal.de/erlebnisbus. Der Bus bindet u. a. den Serengeti-Park Hodenhagen an Bus und Bahn an.

018ml-hpe

Harburger Berge

Die Harburger Berge, auf Landkarten oft auch als Schwarze Berge bezeichnet, befinden sich im Norden der Lüneburger Heide. Ein Teil liegt im Hamburger Stadtteil Neugraben-Fischbek, der größere gehört zur Gemeinde Rosengarten in Niedersachsen. Vor allem im Norden, auf der Hamburger Seite, sind die Harburger Berge sehr gut an den ÖPNV angeschlossen. Sie sind eines der bedeutendsten Naherholungsgebiete der Hansestädter.

Die hügelige Geestlandschaft, ein Endmoränenrücken, entstand während der Saale-Kaltzeit, die vor etwa 100.000 Jahren endete. Die Berge erreichen Höhen von immerhin 155 m (Gannaberg und Hülsenberg in Niedersachsen), womit sie fast so hoch sind wie der 169 m hohe Wilseder Berg, der die höchste Erhebung im Norddeutschen Tiefland ist.

Vorseite: Die denkmalgeschützte Kirche St. Peter und Paul in Betzendorf (s. S. 67)

Im Fischbeker Heidehaus bekommt man interessante Informationen über die Heide (s. S. 25)

Zwei große **Naturschutzgebiete** liegen in der Region, das 773 ha große Naturschutzgebiet Fischbeker Heide 2 auf Hamburger Gebiet sowie das 285 ha große Naturschutzgebiet Buchenwälder im Rosengarten, das sich komplett im Landschaftsschutzgebiet Rosengarten-Kiekeberg-Stuvenwald befindet.

1 Neugraben-Fischbek ★★ [C2]

Neugraben-Fischbek liegt im äußersten Südwesten der Hansestadt und ist mit 22,5 km² **einer der größeren Stadtteile Hamburgs.** Trotz dichter Wohnbebauung mit z. T. großen Hochhaussiedlungen gehört der Stadtteil zu den grünsten in Hamburg, was vor allem an den beiden Naturschutzgebieten Fischbeker Heide 2 und Moorgürtel liegt.

Im **Neugrabener Dorf** (Francoper Straße) ist sogar noch der alte Dorfkern erhalten. Hier findet man historische, teils denkmalgeschützte Katen, Scheunen und reetgedeckte Bauernhöfe aus dem 17. und 18. Jh.

Touristische Bedeutung hat Neugraben-Fischbek aber vor allem als Tor in die Harburger Berge und speziell in die Fischbeker Heide.

019ml-hpe

2 Naturschutzgebiet Fischbeker Heide ★★★ [C2]

Die Fischbeker Heide ist mit fast 800 ha nach der Lüneburger Heide das zweitgrößte Heidegebiet Deutschlands. Die Bilderbuchlandschaft ist sanft gewellt, Heide, vor allem die Besenheide, und Dünen bestimmen das Bild. Bizarre Kratteichen und -buchen sowie Wacholder ragen empor und stellenweise bedecken dichte Mischwälder das Terrain. Idyllische Teiche liegen verstreut in der Landschaft und der aufmerksame Besucher findet Quellmoore, Waldwiesen und Trockentäler.

Die Fischbeker Heide ist für Tiere und Pflanzen ein **außergewöhnlich artenreicher Lebensraum.** Unzählige Wirbellose, darunter viele seltene Arten, haben hier ihre Heimat gefunden. Spektakulär sind die Zauneidechsen, die bei Sonnenschein überall auf den Wegen liegen und sich sonnen oder jagend unterwegs sind und bei Gefahr blitzschnell in die Heide huschen. Hier befindet sich der größte Bestand Hamburgs. Auch die Vogelwelt ist artenreich: Heidelerche, Ziegenmelker, Schleiereule und Waldkauz kann man entdecken, um nur einige wenige zu nennen.

Schöne, oft sandige Wanderwege verlaufen kreuz und quer durch die Heide. Hier beginnt auch der **Heidschnuckenweg** (s. S. 118), ein über 200 km langer Weitwanderweg, der von Nord nach Süd durch die gesamte Lüneburger Heide bis nach Celle verläuft und als einer der wohl schönsten Wanderwege Deutschlands gilt.

Wer hoch hinaus will, kann auf den **Hasselbrack** steigen. Mit 116 m ist er die höchste natürliche Erhebung in Hamburg. Oben kann man sich sogar – wie bei vielen Alpengipfeln üblich – in ein Gipfelbuch eintragen.

Besenheide

Die Besenheide (Calluna vulgaris) ist die Charakterpflanze der Lüneburger Heide. Sie ist weit verbreitet, kommt in ganz Europa vor und erreicht im Osten das westliche Sibirien. Die Blume des Jahres 2019 ist ein verholzender Zwergstrauch, der bis zu 1 m hoch werden und ein Alter von bis zu 40 Jahren erreichen kann.

Die Besenheide wurde und wird vielfach genutzt. Ihren Trivialnamen erhielt sie, weil aus ihr früher Besen gebunden wurden. Noch in den 1980er-Jahren wurden Calluna-Besen in großen Mengen für die Teerindustrie hergestellt. Bis heute wird sie als Firstverkleidung auf Reetdächern genutzt.

Besonders wichtig ist die Besenheide für die Imkerei. Sie ist eine wertvolle Bienenweide und Nahrungsquelle für andere Insekten. Ihr Blütennektar, den die Bienen begierig auflecken bzw. aufsaugen, besteht zu einem Viertel aus Zucker. Jede Blüte – und ein Strauch hat hunderte – produziert täglich 0,1 mg Zucker, woraus die Bienen den begehrten Heidehonig machen.

Neben der Besenheide kommt in geringerem Umfang auch die Glockenheide (Erica tetralix) in der Lüneburger Heide vor. Sie blüht meist schon wenige Tage vor der Besenheide, die je nach Witterung ab Ende Juli bis Ende September mit der Blüte beginnt. Wer die Heideblüte nicht verpassen möchte, findet unter https://lueneburger-heide.de/natur/artikel/3452/heideblueten-barometer-wann-blueht-die-heide.html ein **Heideblütenbarometer,** auf dem ortsgenau der Stand der Heideblüte zu erfahren ist.

Krattbäume

Als Kratteichen bzw. -buchen werden Bäume bezeichnet, die eine besondere Wuchsform aufweisen. Ihre Äste wachsen schlangenartig kreuz und quer in- und umeinander. Die Bäume haben meist mehrere Haupttriebe, die dicht nebeneinander aus der Erde wachsen. Das kann mehrere Gründe haben: ungünstige Bodenverhältnisse, starker Winddruck oder das sogenannte Kratten, denn in der Lüneburger Heide entstanden Krattbäume in den meisten Fällen durch den Menschen.

Zur Gewinnung von Brennholz wurden die Bäume immer wieder kurz über der Oberfläche abgesägt. Das Kappen der primären Sprossachse sorgt dafür, dass der Baum durch Stockausschlag weiterwächst, wodurch mehrere mehr oder weniger gleichberechtigte Triebe entstehen, die verschlungen ineinanderwachsen. Auch das Verbeißen der Baumspitzen durch Kühe oder Schafe kann eine Ursache für die Entstehung eines Krattbaums sein.

In der Lüneburger Heide findet man meist einzeln stehende Krattbäume, die zum Teil mehrere hundert Jahre alt sind. Sie können aber auch ganze Krattwälder bilden, die meist nicht höher als 3 m werden und zu den Niederwäldern gezählt werden.

Krattbäume und von diesen gebildete Niederwälder sind nicht nur ein beliebtes Fotomotiv, sondern haben auch einen hohen Stellenwert für den Naturschutz. Durch ihren dichten, fast undurchdringlichen Wuchs bieten sie einer Vielzahl von Pflanzen und Tieren einen besonderen, geschützten Lebensraum.

Informationen zur Natur und Landschaft bekommt man im **Fischbeker Heidehaus.** Das Naturschutz-Informationszentrum der Loki Schmidt Stiftung ist in einem ehemaligen Schafstall untergebracht. Direkt daneben steht ein weiterer Stall. Er beherbergt die nördlichste Heidschnuckenherde der Lüneburger Heide. Die ca. 300 Tiere werden jeden Tag von einer Schäferin durch die Heide geführt.

Wer sich für Frühgeschichte interessiert, ist auf dem **Archäologischen Wanderpfad** des Archäologischen Museums Hamburg genau richtig. Der Wanderweg ist jederzeit frei zugänglich. An elf Plätzen kann man sich ausführlich über die Geschichte der Bodendenkmäler – im Wesentlichen Grabstätten – informieren. Sie decken einen Zeitraum von der Jungsteinzeit bis in die Eisenzeit ab.

Und die Fischbeker Heide birgt noch eine Besonderheit. Auf einem etwas höher gelegenen Gelände hat der **Segelflug-Club Fischbek** sein Flugfeld. Von dort starten schon seit mehr als 100 Jahren Segelflieger. Wer Lust hat, sich die Heide von oben anzuschauen, kann an einem Gastflug teilnehmen.

Weitere Aktivitäten

Die Harburger Berge haben sich zu einem Hotspot für **Mountainbiker** entwickelt, was nicht immer zur Freude von Spaziergängern, Naturschützern und Jägern geschah. Inzwischen hat man sich aber zusammengerauft und Strecken und Revie-

[>] *Schäferin mit ihrer Herde in der Fischbeker Heide*

re abgegrenzt, wo die Radler ihrem Sport nachgehen können. Um keine großräumigen Verbote zu provozieren, müssen sich die Sportler aber an die Regeln halten und gesperrte Abschnitte respektieren.

Einer der Haupttreffpunkte der Radler ist ein großer Parkplatz an der **Kärtner Hütte**, wo man sich nach dem Sport in rustikaler Atmosphäre mit Speis und Trank stärken kann.

11 **Kärtner Hütte** €, Cuxhavener Straße 55, 21149 Hamburg

•12 **Segelflug-Club Fischbek,** Scharlbargstieg 15, 21149 Hamburg, https://segelflugclub-fischbek.de. Zum Mitfliegen kann man an Flugtagen (im Sommer an Wochenenden und Feiertagen) einfach vorbeikommen. Anmeldungen im Voraus sind nicht möglich. Die Gastflugmöglichkeiten sind allerdings sehr begrenzt.

Infos und Reisetipps

13 **Fischbeker Heidehaus,** Fischbeker Heideweg 43 a, 21149 Hamburg, Tel. 040 73677230, https://loki-schmidt-stiftung.de/fischbek, Di–Fr 9–13, So 11–17 Uhr

› Die kostenlose App **„Natürlich Hamburg!"** für Android und iOS führt Wanderer und Radler durch die wichtigsten Naturschutzgebiete der Stadt, darunter auch durch die Fischbeker Heide.

› Die **Anreise** erfolgt am umweltfreundlichsten mit dem HVV (Hamburger Verkehrsverbund, https://hvv.de, hvv App kostenlos für iOS und Android). Die S-Bahnlinie S3 hält am Bahnhof Fischbek, von wo es nur ein kurzer Fußweg in die Heide ist. Alternativ fährt man mit der Buslinie 250 ab S-Bahnhof Neugraben bis zur Haltestelle Fischbeker Heideweg. Von dort sind es noch etwa 10 Gehminuten bis zum Naturschutz-Informationshaus. Wer mit dem Pkw anreist, findet am Ende der Straße Scharlbarg einen großen Parkplatz.

Essen und Trinken

14 **Zur Börse** €€, Francoper Straße 57, 21149 Hamburg, Tel. 040 7018216, https://restaurant-zur-boerse.de. Das Gasthaus mit gutbürgerlicher Küche befindet sich in einem sehenswerten, denkmalgeschützten Fachwerkhaus mit Strohdach im alten Dorfkern von Neugraben. Die Karte ist zwar überschaubar, aber die Gerichte sind schmackhaft und es gibt auch Speisen, die man sonst nicht so ohne Weiteres in einem Restaurant erwartet, wie z. B. Grützwurst mit und ohne Rosinen oder Pferdesteak.

Einkaufen

› Regionale Produkte gibt es, immer Di, Do und Sa von 7 bis 13 Uhr auf dem Wochenmarkt in der Neugrabener Fußgängerzone.

020ml-hpe

021ml-hpe

3 Hamburger Hafen ★★★ [D2]

Wenn man sich schon im Süden Hamburgs aufhält, sollte man auch gleich noch einen Ausflug in den Hamburger Hafen, den größten Seehafen Deutschlands und drittgrößten Europas, einschieben.

Vom S-Bahnhof Neugraben nimmt man die Buslinie 251 bis Finkenwerder/Fähranleger oder fährt mit dem eigenen Pkw dorthin. Vom Anleger geht es mit der Hafenfähre der HADAG (Linie 62, https://hadag.de) weiter in Richtung St. Pauli/ Landungsbrücken.

Schon die Fahrt elbaufwärts hinein in den Hafen ist ein einmaliges Erlebnis. An den Landungsbrücken steigt man aus und kann einige der wichtigsten Sehenswürdigkeiten der Hansestadt erkunden, z.B. die **Speicherstadt** mit der **Elbphilharmonie**, das **Miniaturwunderland**, den **Michel** oder die Museumsschiffe **Cap San Diego** (s.S.16) und **Rickmer Rickmers.** Zur sündigsten Meile der Welt, der **Reeperbahn**, ist es auch nur ein kurzer Fußweg. Wer Hunger hat, wird im **Portugiesenviertel** etwas nordöstlich der Landungsbrücken fündig, wo es zahlreiche portugiesische und spanische Restaurants gibt.

Wer eine **Fahrkarte** für den ÖPNV braucht, ist mit einer Tageskarte oder der **Hamburg CARD** (www.hamburg-tourism.de/buchen/hamburg-card, freie Fahrt mit allen Verkehrsmitteln im gesamten Stadtgebiet und Rabatt bei über 150 touristischen Angeboten) sehr gut bedient. Fahren mehrere Personen lohnt sich die entsprechende Gruppenkarte.

4 Vahrendorf ★★★ [D2]

Die vorwiegend landwirtschaftlich geprägte Gemeinde Rosengarten befindet sich südlich von Hamburg und grenzt direkt an die Hansestadt an. Auf mehr als 60 km² verteilen sich 15 Dörfer, u.a. das 1400 Einwohner

Auf der Cap San Diego (s. S. 16) kann man übernachten

zählende Vahrendorf. Der nicht einmal 1 km von der Hamburger Landesgrenze entfernte Ort ist vor allem durch zwei beliebte Freizeiteinrichtungen bekannt: den Wildpark Schwarze Berge und das Freilichtmuseum Kiekeberg.

Der 50 ha große **Wildpark Schwarze Berge** liegt in einem dichten, alten Wald, der von Bergen, Tälern und Seen geprägt ist. Der Park, der schon 1969 eröffnet wurde, zieht jährlich mehr als 350.000 Besucher an. Weit über 100 verschiedene Tierarten leben auf dem Gelände, von denen die Braunbären, Wölfe und Luchse zu den meistbesuchten gehören. Beliebt sind auch die kostenlosen Flugschauen und die öffentlichen Fütterungen. Wer keine Höhenangst und genug Puste hat, kann auf den 45 m hohen Elbblickturm steigen, von dem man eine atemberaubende Aussicht hat. Kinder lieben die Frei- und Streichelgehege, wo sich Damwild und Ziegen anfassen lassen und aus der Hand gefüttert werden dürfen, und den riesigen Abenteuerspielplatz. Auch für das leibliche Wohl ist gesorgt: Im Wildpark-Restaurant oder einem der Imbisse gibt es für jeden etwas.

★15 **Wildpark Schwarze Berge**, Am Wildpark 1, 21224 Rosengarten, Tel. 040 81977470, https://wildpark-schwarze-berge.de, April–Oktober tgl. 8–18 Uhr, November–März tgl. 9–16.30 Uhr, Erw. 13 €, Kinder (3–15 Jahre) 11 €

Nicht verpassen sollte man einen Besuch im **Freilichtmuseum am Kiekeberg**, das an den Hängen des 127 m hohen Kiekebergs liegt. Das 1953 gegründete Museum informiert auf 12 ha anschaulich über das Leben in der Lüneburger Heide und in der Winsener Marsch in der Zeit zwischen 1600 und 1970. Über 30 historische Gebäude in mehreren Baugruppen, die die Architektur und Lebensweise unterschiedlicher Gebiete und Zeiträume zeigen, bilden das Herzstück des Museums. Kräutergärten, Gemüsebeete und fast verschwundene Obstbaumsorten werden ebenso gezeigt wie alte, vom Aussterben bedrohte Haustierrassen. Im Agrarium werden auf 3000 m² die Entwicklungen in der Landwirtschaft und der Lebensmittelproduktion von früher bis heute gezeigt. In der gesonderten Ausstellung „Spielwelten" geht es um den Wandel der Spielkultur im 20. Jh.

Einen besonderen Anziehungspunkt bilden auch die Pflanzen-, Handwerker- und Weihnachtsmärkte, die Aktionstage wie Imkertag, Traktorentreffen und der historische Jahrmarkt. Wer die norddeutsche Küche probieren möchte, findet im Museumsgasthaus in Stoof Mudders

022ml-hpe

Luchse gehören zu den interessantesten Tieren im Wildpark Schwarze Berge

Kroog bestimmt etwas Passendes, z. B. Hamburger Labskaus oder Pannfisch mit Braatkartüffeln.

16 Freilichtmuseum am Kiekeberg, Am Kiekeberg 1a, 21224 Rosengarten, Tel. 040 79144498, https://kiekeberg-museum.de, Di–Fr 9–17, Sa, So und an Feiertagen 10–18 Uhr, Erw. 11 €, unter 18 Jahren Eintritt frei. Von November bis März werden die historischen Gebäude bei Anbruch der Dunkelheit geschlossen, die modernen Ausstellungsgebäude bleiben geöffnet.

Weitere Aktivitäten

Die Gemeinde Rosengarten hat zusammen mit ihren Nachbargemeinden ein umfangreiches Netz von **Freizeitrouten** für Wanderer, Radler, Mountainbiker und Reiter ausgewiesen und markiert. Informationen, u. a. Karten und Flyer zum Download, gibt es unter https://regionalpark-rosengarten.de/aktiv-und-erleben-2/.

Infos und Reisetipps

› **Anreise** mit Linienbus 340 des HVV von den Bahnhöfen Harburg und Neuwiedenthal (https://hvv.de, hvv App kostenlos für iOS und Android). Der Bus hält direkt am Wildpark bzw. am Freilichtmuseum. Mit dem Pkw über die A7, Abfahrt Hamburg-Marmstorf. Am Wildpark und am Freilichtmuseum stehen ausreichend Parkplätze zur Verfügung.

Essen und Trinken

› **Stoof Mudders Kroog** €€, im Freilichtmuseum am Kiekeberg (s. links), Tel. 040 7018216, https://stoof-mudders-kroog.de. Das Gasthaus im Freilichtmuseum bietet in einem historischen Fachwerkbau norddeutsche Küche. Neben Labskaus und Grützwurst sind vor allem die Bratkartoffelgerichte zu empfehlen. Darüber hinaus gibt es auch Kaffee und Kuchen.

Einkaufen

17 Spargelhof Schröder, Am Sandberg 50, 21224 Rosengarten/Vahrendorf, Tel. 04108 6859, https://spargelhof-schröder.de. Der Hofladen, nur wenige hundert Meter vom Wildpark Schwarze Berge entfernt, bietet eine breite Palette an regionalen Lebensmitteln.

Winterstimmung im Freilichtmuseum am Kiekeberg

023ml-hpe

Im Norden der Lüneburger Heide

Der Norden der Lüneburger Heide, der sich von Hamburg südwärts bis Schneverdingen, Bispingen und Amelinghausen erstreckt und Lüneburg einschließt, gilt als „die Heide schlechthin". Hier befinden sich die größten zusammenhängenden Heideflächen Deutschlands, eines der größten Naturschutzgebiete des Landes, der höchste Berg des Norddeutschen Tieflands und mit den Heideköniginnen von Amelinghausen und Schneverdingen sowie dem Schwulen Heidekönig von Lüneburg gleich drei amtierende Majestäten. Nicht zu vergessen die Hansestadt Lüneburg mit ihrer historischen Altstadt, die zwar etwas abseits am östlichen Rand des Gebiets liegt, aber unbedingt einen Besuch wert ist.

5 Lüneburg ★★★ [F3]

Lüneburg gehört mit seiner mittelalterlichen Altstadt zu den schönsten Städten Deutschlands. In den schmalen Gassen locken zahlreiche inhabergeführte Geschäfte und am Stintmarkt, Lüneburgs attraktiver Kneipen- und Restaurantmeile, kann man direkt am Ufer der Ilmenau gemütlich speisen. Die alte Salz- und Hansestadt hat aber viel mehr zu bieten als nur Shopping und Gastronomie. Zahlreiche Sehenswürdigkeiten gilt es zu erkunden, und wer sich bewegen will, findet in der Salztherme SaLü ausgezeichnete Bedingungen vor.

Die Hansestadt Lüneburg (ca. 78.000 Einwohner) liegt am östlichen Rand der Lüneburger Heide am Unterlauf der Ilmenau, die bis zur Elbe schiffbar ist. Die Gegend um die Stadt war bereits zur Zeit der Neandertaler vor etwa 150.000 Jahren besiedelt, wie zahlreiche Funde beweisen. Erstmals wurde der Ort 956 in einer Urkunde zum Kloster Lüne vom römisch-deutschen Kaiser Otto I. erwähnt.

Schon zur damaligen Zeit wurde **Salz** abgebaut, noch war der Ort aber dem Nachbarn Bardowick untergeordnet und erst nach dessen Zerstörung 1189 entwickelte sich Lüneburg zu einem **zentralen Handelsplatz** und

⊡ *Blick vom Wasserturm (s. S. 35) über die Altstadt Lüneburgs*

024ml-hpe

Die Hanse

Die Hanse war ein einflussreicher Handelsverbund, der vom 12. bis zum 17. Jahrhundert in Nordeuropa existierte und als erster gemeinsamer europäischer Markt gilt. Sie bestand aus mehr als 300 vorwiegend norddeutschen und baltischen Städten, darunter Hamburg, Lübeck, Lüneburg, Danzig und Rostock.

Als Reaktion auf die Herausforderungen und Risiken des mittelalterlichen Handels schlossen sich zunächst einige Kaufmänner (Kaufmannshanse) und später ganze Städte (Städtehanse) zu einem Bund zusammen, um ihre gemeinsamen wirtschaftlichen Interessen zu schützen und zu fördern. Als Gründungsjahr wird vielfach das Jahr 1241 angesehen, als Lübeck und Hamburg ihre Partnerschaft vertraglich besiegelten. Dabei konzentrierte sich die Hanse vor allem auf den maritimen Handel in der Nord- und Ostsee. Ein Großteil des gesamten Warentransports auf den beiden Gewässern erfolgte mit den typischen Hansekoggen. Darüber hinaus wurden aber auch im Binnenland zahlreiche Handelsstraßen, wie z. B. die Alte Salzstraße von Lüneburg nach Hamburg, geschaffen.

025ml-hpe

Die wirtschaftliche und zeitweise auch politische Macht der Hanse in den folgenden Jahrhunderten führte zur Entwicklung einer gemeinschaftlichen hanseatischen Kultur und einer besonderen Städtearchitektur. Von großer Bedeutung waren auch die Außenposten des Bundes an wichtigen Handelsplätzen, die sog. Kontore, wie z. B. im russischen Nowgorod, in Bergen in Norwegen oder London in England.

Ab dem 15. Jahrhundert verlor die Hanse langsam ihre wirtschaftliche Dominanz. Neue Handelswege und Absatzmärkte wie Amerika sowie veränderte politische Machtverhältnisse ließen den Einfluss der Hanse schwinden. 1669 wurde in Lübeck der letzte Hansetag abgehalten, womit das Ende des Städtebundes, auch wenn er nie offiziell aufgelöst wurde, besiegelt war. Dennoch hinterließ er ein nachhaltiges Erbe. Viele Hansestädte pflegen bis heute ihre kulturellen Beziehungen und Städtepartnerschaften. Das hanseatische Erbe ist zudem in vielen Traditionen und Festen präsent, die an die einstige Bedeutung dieser historischen Liga erinnern.

Darüber hinaus wurde 1980 in Zwolle (Niederlande) die Neue Hanse (https://hanse.org/de) gegründet, ein Bund von etwa 200 Städten aus 16 Ländern des nördlichen Europas, der sich als Lebens- und Kulturgemeinschaft versteht und die Tradition des alten Städtebundes fortführen soll.

Der historische Kran am Stintmarkt (s. S. 33) ist eines der Wahrzeichen Lüneburgs

einer reichen Stadt, die schon früh der **Hanse** beitrat. Basis für den Aufstieg und den Reichtum der Stadt waren das Salz und die lange Monopolstellung als Salzlieferant in Norddeutschland. Heute ist Lüneburg eine lebhafte, junge **Universitätsstadt** mit historischen Gemäuern, die zu einem nicht unerheblichen Anteil vom Tourismus lebt.

Das Salz bereitet Lüneburg aber auch Probleme. Rund ein Drittel der Altstadt liegt auf einem oberflächennahen Salzstock. Der Abbau des Salzes führte allmählich zu einer **Absenkung der Oberfläche,** was zur Folge hatte, dass einige Häuser und Kirchen im sog. Senkungsgebiet abgerissen werden mussten. Man entschloss sich deshalb – auch weil Salz anderswo längst kostengünstiger produziert werden konnte – die Saline im Jahre 1980 zu schließen. Heute wird Salz nur noch in geringen Mengen als Souvenir und für die Salztherme entnommen.

Die Verwerfungen, die bis heute noch nicht zum Stillstand gekommen sind, kann man an einigen historischen Häusern deutlich beobachten. So z. B. in der Straße Auf dem Meere, in der einige Häuser früher über Treppenstufen aufwärts erreichbar waren. Heute geht es abwärts ins Haus. Um größere Bodenbewegungen und mögliche Einbrüche vorhersagen zu können, wird der Boden an 240 Messpunkten regelmäßig überwacht.

Empfehlenswert ist ein Spaziergang durch die gut erhaltene **historische Altstadt,** die komplett Fußgängern vorbehalten ist. Im Zweiten Weltkrieg ist Lüneburg von Zerstörungen verschont geblieben und hat heute eine der schönsten Altstädte Deutschlands, die mit engen Gassen, malerischen Plätzen und beeindruckenden Fachwerkhäusern bezaubert. Prunkstück ist das **Rathaus** am Marktplatz, das nicht nur Sitz der Verwaltung ist, sondern auch als Wahrzeichen der Stadt gilt. Das Gebäude, dessen älteste Teile aus dem Jahr 1230 stammen, wurde über mehrere Jahrhunderte immer wieder erweitert und umgebaut, sodass es heute viele Stilepochen der Architektur in sich vereint. Es ist zudem das größte mittelalterliche Rathaus Norddeutschlands.

Gegenüber vom Rathaus befindet sich das **Heinrich-Heine-Haus,** in dem die Eltern des Dichters von 1822 bis 1826 wohnten. Heine, der seine Eltern häufig besuchte und die Stadt als „Residenz der Langeweile" beschrieb, verfasste hier einige seiner Gedichte. Das Literaturbüro Lüneburg (https://literaturbuero-lueneburg.de) organisiert regelmäßig Lesungen mit deutschen und internationalen Autoren. Darüber hinaus werden die Räumlichkeiten für Konzerte und Ausstellungen genutzt. Auch das Trauzimmer des Standesamts ist hier untergebracht.

Etwas mehr als fünf Gehminuten südöstlich steht die **St. Johanniskirche,** die mit ihrem 108 m hohen, schiefen Turm schon von Weitem sichtbar ist. Die fünfschiffige Kirche wurde zwischen 1289 und 1470 erbaut. Sie war Vorbild für den Bau vieler Kirchen in Norddeutschland und ist eines der bedeutendsten Bauwerke der norddeutschen Backsteingotik. Nachdem ein Blitzeinschlag im Jahr 1406 einen Brand ausgelöst hatte, musste der Turm neu errichtet werden. Beim Neubau hat sich der Baumeister offensichtlich um einiges verrechnet oder vermessen: Jedenfalls ist die Turmspitze um mehr als 2 m nach Westen aus dem Lot gera-

026ml-hpe

⌃ *Der schiefe Turm der Johanniskirche ist deutlich nach Westen geneigt*

ten. Türme wurden damals zwar immer ein wenig nach Westen geneigt gebaut, damit sie sich den vorherrschenden Westwinden besser entgegenstellen konnten, aber mehr als 2 m war eindeutig zu viel. Das sah wohl auch der Baumeister so. Als er den Fehler bemerkte, stürzte er sich voller Scham vom Kirchturm. Allerdings hatte er Glück, denn genau in diesem Moment fuhr ein Heuwagen vorbei, der ihn weich auffing und ihm das Leben rettete. Dann hatte er allerdings Pech. Denn um dies zu feiern, ging er flugs in eine Kneipe, betrank sich und fiel rücklings von einer Bank, wobei er sich das Genick brach und noch an Ort und Stelle starb. So wird es jedenfalls erzählt. Geblieben ist aber bis heute der **schiefe Turm von Lüneburg.**

Im Inneren der Kirche ist neben zahlreichen weiteren Schätzen besonders der **Schnitzaltar aus dem 15. Jh.** mit bedeutenden mittelalterlichen Malereien sehenswert. Bemerkenswert ist auch die historische **Hauptorgel**, die in der Mitte des 16. Jh. entstand. An ihr soll der junge Johann Sebastian Bach von seinem Onkel Georg Böhm das Orgelspielen und Komponieren gelernt haben. Kirchenführungen werden von Mai bis Oktober samstags um 12 Uhr und So um 11.15 Uhr nach dem Gottesdienst angeboten. Außerdem kann man bei einer Führung der Turmführergilde Lüneburg von Mitte April bis September jeden Samstag um 13 Uhr den Kirchturm besichtigen (s. S. 35).

Sehenswert sind auch die beiden anderen Hauptkirchen der Stadt. Die Kirche **St. Nicolai**, nur wenige Schritte vom Marktplatz entfernt, war einst die Kirche der Schiffer, die vornehmlich in diesem Viertel lebten. Vor allem der gut erhaltene mittelalterliche Innenraum mit bedeutenden Schätzen gotischer Kunst ist einen Besuch wert.

Die **St. Michaeliskirche**, am Johann-Sebastian-Bach-Platz knapp zehn Gehminuten südwestlich vom Marktplatz, hat schwer mit Senkungsschäden zu kämpfen. Die zehn tragenden Säulen, die durch Holzkonstruktionen stabilisiert werden, neigen sich teilweise über 60 cm zur Seite. Die Kirche gilt als Wirkungsstätte Bachs, der hier von 1701 bis 1702 zu den Chorsängern der Klosterschule gehörte. Ihr größter Schatz, die einzigartige Goldene Tafel, wurde leider Ende des 17. Jh. vom Räuberhauptmann Nickel List und seiner Bande, die sich auf Kirchenraub spezialisiert hatte, gestohlen und eingeschmolzen.

Auf keinen Fall verpassen darf man einen Gang über den **Stintmarkt** im historischen Wasserviertel. Früher war er ein Handelsplatz für Stinte, kleine Speisefische, die in den Küstengewässern Europas leben. Heute befindet sich hier Lüneburgs bekannteste Kneipen- und Restaurantmeile. Die mittelalterlichen Häuser direkt am Fluss bieten eine malerische, fast schon mediterrane Kulisse. Bei gutem Wetter kann man direkt am Ufer der Ilmenau sitzen und hat einen wunderbaren Blick auf Lüneburgs historischen Hafen mit den Mühlen und dem **alten Kran**, der neben dem Rathaus das zweite Wahrzeichen der Stadt ist. Eine zweite Kneipenmeile befindet sich in der **Schröderstraße.** Auch hier kann man bei schönem Wetter draußen sitzen.

Ein Kuriosum ist das **Schwangere Haus** in der Waagestraße. Der beim Bau verwendete Gipsmörtel nahm im Laufe der Zeit viel Wasser auf, dehnte sich aus und drückte die Fassade des Gebäudes halbkugelförmig nach außen.

Etwas außerhalb des Zentrums befindet sich das eindrucksvolle **Kloster Lüne.** Die heutigen Gebäude stammen aus dem Jahr 1372. Das Kloster, das sowohl auf eigene Faust als auch während geführter Touren besichtigt werden kann, wurde im Laufe der Zeit zwar mehrfach erweitert, dennoch ist der historische Bestand noch gut zu sehen. Zu Hochzeiten lebten 60 Frauen in dem Kloster, heute sind es nicht mal mehr zehn. Wer sich für Textilarbeiten interessiert, wird hier fündig. Im Klostermuseum für Sakrale Textilkunst ist eine der bedeutendsten Sammlungen hoch- und spätmittelalterlicher Textilien in Deutschland zu sehen. Die Web- und Stickarbeiten umfassen u. a. Altardecken, Fastentücher, Prozessionsfahnen und große Bildteppiche.

Wer einen Blick über die Dächer der Stadt werfen will, sollte einen Spaziergang auf den 56 m hohen **Kalkberg** unternehmen. Von der hier um 956 errichteten Burg ist zwar nicht mehr viel zu sehen, doch lohnt sich ein Besuch allein schon wegen des Ausblicks. Vom Gipfel bietet sich eine wunderbare Aussicht auf die Altstadt, die besonders bei Sonnenaufgang oder -untergang sehenswert ist. Am leichtesten ist der Zugang über den Schlöbckeweg, von wo aus man in wenigen 100 Metern den Gipfel erreicht.

Einen weiteren besonderen Aussichtspunkt bietet der historische, unter Denkmalschutz stehende **Wasserturm** im Osten der Altstadt. Von seiner Aussichtsplattform in 56 m Höhe, die man auch per Aufzug erreichen kann, hat man einen wunderbaren Panoramablick über Lüneburg und kann bei guter Sicht bis zum 45 km entfernten Hamburg sehen.

Von den acht Museen der Hansestadt sind vor allem das **Deutsche Salzmuseum**, in dem man sich umfangreich über alles rund ums Salz informieren kann, und das **Museum Lüneburg** interessant. Letzteres präsentiert Exponate aus den Bereichen Kulturgeschichte, Archäologie und Naturkunde.

Salz auf eine ganz andere Weise kennenlernen kann man in der **SaLü**, der **Salztherme Lüneburg.** Für das Badewasser werden immer noch geringe Mengen Salz aus dem örtlichen Salzstock entnommen. Der Salzgehalt der Schwimmbecken im sog. Wasserviertel, dem Herzstück der Therme, liegt bei bis zu vier Prozent

KURZ & KNAPP

Sülfmeister

Während des Mittelalters waren viele Bewohner Lüneburgs mit der Produktion von und dem Handel mit Salz beschäftigt. Unterhalb der Stadt befindet sich ein riesiger Salzstock, der bis in den Grundwasserbereich hineinreicht. Dort entsteht die Sole, eine wässrige Salzlösung. Sie wurde durch einen Brunnen an die Oberfläche befördert und in Pfannen zum Sieden gebracht. Das Wasser verdampfte und zurück blieb das Salz.

Die Pfannen waren Eigentum der sog. Sülzbegüterten, die nicht selbst Hand anlegten, sondern die Pfannen an die Siedeberechtigten verpachteten. Hatte ein Siedeberechtigter mindestens vier Pfannen gepachtet, wurde er nach einem Aufnahmeritual in die Gilde der Sülfmeister aufgenommen und hatte Anspruch auf eine Siedehütte, von der es 54 in der Lüneburger Saline gab. Dieses Aufnahmeritual lebt heute in den Sülfmeistertagen fort.

und ist damit höher als in der Nordsee. Besonders beliebt bei Jung und Alt ist das Sole-Wellenbecken. Natürlich gibt es auch eine große Sauna-Landschaft, die hier Siederei genannt wird. Dort kann der Besucher in fünf Erlebnissaunen oder im Heide-Dampfbad schwitzen.

Eine der wichtigsten Veranstaltungen Lüneburgs sind die **Sülfmeistertage** (https://suelfmeistertage.de), die traditionell an drei Tagen im Herbst gefeiert werden und zahlreiche Besucher anlocken. Dabei treten unterschiedliche Teams in spannenden Wettkämpfen gegeneinander an, um den Sülfmeister zu ermitteln, der heute aber nur noch eine repräsentative Funktion hat.

Eine weitere Veranstaltung, die überregional zahlreiche Besucher anlockt, ist der **historische Christmarkt** rund um die St. Michaeliskirche, der am ersten Dezemberwochenende stattfindet. Die ca. 60 Stände aus leinwandbespannten Holzgestellen bilden schmale Budengassen und mit den farbigen Kostümen der Händler und Gaukler fühlt man sich wie ins Mittelalter zurückversetzt. Neben Bratwurst, Glühwein und Maronen gibt es auch ein reiches Angebot an Handwerkswaren wie Spielzeug, Webwaren, Schmuck, Schmiedearbeiten und Töpferwaren zu kaufen.

Natürlich gibt es auch einen normalen **Weihnachtsmarkt**, der von Ende November bis Weihnachten auf dem Marktplatz vor dem Rathaus veranstaltet wird. Vor einer malerischen Kulisse historischer Gebäude tauchen tausende Lichterketten den Platz in ein romantisches Licht.

Etwas verwunderlich ist, dass es in Lüneburg keine Heidekönigin gibt. Dafür wird aber seit dem Jahr 2000 jährlich der **Schwule Heidekönig** gewählt, der einzige König unter all den vielen weiblichen Regentinnen von der Heidekönigin über die Spargelkönigin bis zur Kartoffelkönigin. Seine Aufgabe ist vor allem, für mehr Akzeptanz, Toleranz und Vielfalt zu werben. Vor einigen Jahren galt der Schwule Heidekönig noch als „Schmuddelkönig" und wurde mehr oder weniger gemieden, Einladungen gab es kaum. Inzwischen ist er hoffähig geworden und wird regelrecht umgarnt. Der Niedersächsische Ministerpräsident hat ihn zum Sommerfest nach Berlin eingeladen und lässt sich stolz mit Seiner Majestät fotografieren und zu den Heideblütenfesten in der Region wird er inzwischen wie selbstverständlich auch eingeladen und ist bei den Umzügen in einem eigenen Wagen dabei.

18 [S. 144] **Deutsches Salzmuseum,** Sülfmeisterstr. 1, 21335 Lüneburg, Tel. 04131 7206513, https://salzmuseum.de, Di–So 10–17 Uhr, Erw. 8 €, erm. 4 €, unter 18 Jahren Eintritt frei

19 [S. 144] **Kloster Lüne,** Am Domänenhof, 21335 Lüneburg, https://kloster-luene.de, Führungen (einschließlich Museum) April–Oktober Di–Sa 10.30, 14.40 und 15.30, So 11.30, 14.30 und 15.30, im Winter keine Führungen, im Sommerhalbjahr kann das Kloster jeden ersten Samstag im Monat zwischen 14.30 und 17 Uhr auf eigene Faust erkundet werden, Erw. Eintritt Museum 4 €, Rundgang auf eigene Faust 5 €, Kurzführung Kloster 6 €, Führung Kloster und Museum 9 €, Studenten und Schüler erm., Außenbereiche frei zugänglich, im Sommer 10–20 Uhr, im Winter nur bis 18 Uhr

20 [S. 144] **Museum Lüneburg,** Willy-Brandt-Str. 1, 21335 Lüneburg, Tel. 04131 7206580, https://museumlueneburg.de, Di, Mi, Fr 11–18, Do 11–20, Sa, So 10–18 Uhr, Erw. 8 €, erm. 4 €, unter 18 Jahren Eintritt frei

21 [S. 144] **Salztherme Lüneburg,** Soltauer Str. 3, 21335 Lüneburg, Tel. 41317230, https://salue.info, Wasserviertel: Mo–Sa 10–22, So 10–20 Uhr, Siederei: Mo–Do 10–22, Fr, Sa 19–22.30, So 10–20 Uhr, Erw. 2 Stunden 11,50 € (inkl. Sauna 16,50 €), 4 Std. 15/21 €, Tageskarte 18/25 €, Kinder 2 Std. 6 € (inkl. Sauna 11 €), 4 Std. 7,50/13,50 €, Tageskarte 9/16 €, an Wochenenden/Feiertagen 1 € bzw. 0,50 € Aufschlag. Das teilüberdachte Erlebnisbad ist mit einer Gesamtfläche von über 8000 m² und etwa 1700 m² Wasserfläche das größte seiner Art in Norddeutschland. Mit Wellenbad, verschiedenen Solebädern, mehreren Riesenwasserrutschen, einer umfangreichen Saunalandschaft und Wellnessangeboten bietet es Spaß für die ganze Familie.

22 [S. 144] **St. Johannis,** Bei der St. Johanniskirche 2, 21335 Lüneburg, Kirchenbüro Tel. 04131 44542, Turmführergilde Lüneburg Tel. 04131 8983711, https://st-johanniskirche.de, Kirchenführungen Mai–Oktober Sa 12, So 11.15 Uhr, Kirchturmführungen Mitte April–September Sa 13 Uhr, Spende erbeten

23 [S. 144] **Wasserturm,** Am Wasserturm 1, www.wasserturm.net, tgl. 10–19 Uhr, Erw. 5 €, erm. 4 €, Kinder bis 6 Jahre frei

6 Bardowick ★★ [F3]

Keine 10 Autominuten nördlich von Lüneburg liegt das beschauliche Bardowick am linken Ufer der Ilmenau. Der Ort wirkt in manchen Teilen wie ein Vorort Lüneburgs und wächst mehr und mehr mit der großen Stadt im Süden zusammen.

027ml-hpe

Das kunstvoll geschnitzte Chorgestühl im Bardowicker Dom stammt aus dem 15. Jahrhundert

Bardowick gehört zu den ältesten Ortschaften Niedersachsens. Erstmals wird es in den „Annalen des Fränkischen Reiches“ (Annales Regni Francorum) erwähnt, die im 8. und 9. Jahrhundert verfasst wurden. Bereits um 800 war der Ort ein zentraler Platz für den Ost-West- und den Nord-Süd-Handel. Bardowick entwickelte sich zu einem der größten Zentren Norddeutschlands und war erheblich größer und bedeutender als Lüneburg. 1189 wurde die Stadt von **Heinrich dem Löwen** zunächst belagert und dann zerstört. Danach verlor sie ihre Bedeutung als Wirtschaftsmetropole mehr und mehr an Lüneburg und fand nie zu ihrer alten Größe zurück.

Sehenswert ist vor allem der mächtige **Dom St. Peter und Paul.** Die dreischiffige gotische Hallenkirche aus rotem Backstein steht an einem Platz, auf dem wahrscheinlich schon um 800 ein von Karl dem Großen gegründetes Gotteshaus stand. Mit dem Bau der heutigen Kirche, an der nur noch wenige Teile aus der Zeit von vor 1189 vorhanden sind, wurde Ende des 14. Jh. begonnen. Im Laufe des 15. Jh. wurde sie fertiggestellt. Die beiden achteckigen Türme sind kaum höher als das Dach und wirken daher sehr gedrungen. Im Innern birgt die Kirche einige Kostbarkeiten wie das bronzene Taufbecken aus der Mitte des 14. Jh. oder den prächtigen Flügelaltar, der Anfang des 15. Jh. aus Eiche geschnitzt wurde. Das Chorgestühl, ebenfalls aus Eiche, stammt aus dem Jahre 1487 und ist mit 54 Sitzen das größte in Norddeutschland. Das Geläut des Doms besteht aus sieben Glocken, von denen die ältesten bereits im 12. Jh. gegossen wurden.

Der **St. Nikolaihof,** der einst das Leprahospital Lüneburgs und später ein Altenheim war und urkundlich bereits 1251 erwähnt wird, gehört zu den wichtigsten Baudenkmälern in Norddeutschland. Das denkmalgeschützte Ensemble aus Wohn- und Wirtschaftsgebäuden, das sich um die 1435 erbaute Kapelle gruppiert, ist in seiner ursprünglichen Form erhalten. Es befindet sich einige Hundert Meter südlich des Doms gegenüber

KURZ & KNAPP

Holländerwindmühlen

Holländerwindmühlen kamen im 16. Jahrhundert auf und verdrängten nach und nach die älteren Bockwindmühlen. Typisch ist die **drehbare Kappe,** mit der die Flügel in den Wind gedreht werden können. Bei den Bockwindmühlen wird dagegen die ganze Mühle gedreht.

Von den Holländermühlen gibt es verschiedene Typen. Am einfachsten sind die **Erdholländer,** die ebenerdig gebaut sind und kein steinernes Erdgeschoss haben. Mit steinernem Erdgeschoss gebaute Mühlen nennt man **Sockelgeschossholländer.** Erhalten diese eine umlaufende Galerie, dann sind es **Galerieholländerwindmühlen.** Daneben gibt es noch einige andere, seltenere Formen.

028ml-hpe

der Gemeindeverwaltung an der Großen Straße.

Ein weiteres Aushängeschild des Orts ist **Meyer's Windmühle** in der Mühlenstraße. Die Galerieholländerwindmühle stammt aus dem Jahr 1813 und ist noch heute in Betrieb. Im Mühlenladen kann man Mehl und andere Produkte kaufen. Für eine Pause bietet sich das Mühlencafé an, wo verschiedene Kuchen und Torten, darunter auch mit Buchweizenmehl gebackene, bei einer Tasse Kaffee probiert werden können.

★24 **Meyer's Windmühle,** Mühlenstr. 36, 21357 Bardowick, Tel. 04131 2243577, https://meyers-windmuehle.de, Di–Sa 9–18 Uhr, Café erst ab 14 Uhr

ii25 **Peter und Paul,** Beim Dom, 21357 Bardowick, https://kirche-bardowick.wir-e.de, April–September 9–17 Uhr, ansonsten nur bis 16 Uhr

7 Schiffshebewerk Lüneburg-Scharnebeck ★★ [F3]

Einige Kilometer nordöstlich Lüneburgs befindet sich am Elbe-Seitenkanal das 1974 fertiggestellte Schiffshebewerk Lüneburg-Scharnebeck. Mit einer Fallhöhe (Differenz zwischen Ober- und Unterwasser einer Fallstufe) von maximal 38 m ist es eines der größten **Senkrecht-Hebewerke** weltweit. Es besteht aus zwei 105 m langen und 12 m breiten voneinander unabhängigen Trögen. Jeder mit Wasser gefüllte Trog hat (mit oder ohne Schiff) ein Gewicht von 5800 Tonnen und wird von 240 Stahlseilen getragen, die einen Durchmesser von 54 mm haben. Ein Hebevorgang dauert nur drei Minuten und ist damit bedeutend schneller als eine Schleusung.

Leider sind die Tröge nur für die damals üblichen sog. Europaschiffe gebaut worden, die nur eine Länge von

029ml-hpe

85 m haben. Die heutigen Großmotorschiffe sind aber bis zu 135 m lang, Schubverbände noch länger. Sie passen nicht in die Tröge und können den Kanal nicht befahren. Ein neues Hebewerk befindet sich bereits in der Planung.

Das Schiffshebewerk ist ein beliebtes Ausflugsziel und bietet mehrere Promenaden und eine Aussichtsplattform. Im **Informationszentrum Schiffshebewerk** kann man sich über das Scharnebecker Hebewerk und andere wassertechnische Bauwerke informieren. Wer sich einer einstündigen, fachkundigen Führung anvertrauen möchte, findet die Termine auf der Website. Eine Reservierung im Voraus ist dringend angeraten.

› Parkplatz an der Adendorfer Str., 21379 Scharnebeck, Führungen: Tel. 0151 22663303, https://schiffshebewerk-scharnebeck.de, Informationszentrum April–Mitte Oktober tgl. 10–18 Uhr, Führungen 10 €

Das Schiffshebewerk in Scharnebeck ist ein beliebtes Ausflugsziel

KURZ & KNAPP

Elbe-Seitenkanal

Der 115 km lange Kanal verbindet den Mittellandkanal mit der Elbe. Die bis zu 70 m breite Bundeswasserstraße verläuft von Calberlah bei Wolfsburg über Uelzen und Lüneburg nach Artlenburg etwas östlich von Hamburg, wo er in die Elbe mündet. Den Höhenunterschied von mehr als 50 m auf der gesamten Strecke gleichen Schleusen bei Uelzen und das Schiffshebewerk Lüneburg-Scharnebeck aus.

Weitere Aktivitäten

Neben zahlreichen Touren für **Wanderer** und **Radfahrer** in und um Lüneburg (Details gibt es in der Touristeninformation) bietet die Ilmenau auch **Paddlern** ein ausgezeichnetes Revier. Die 59 km lange Strecke zwischen Lüneburg und Uelzen eignet sich auch für Anfänger. Informationen und Kanuverleih bei Heide-Kanu, Tel. 0162 7953509, https://heide-kanu.de.

Infos und Reisetipps

26 [S. 144] **Tourist-Information Lüneburg,** Rathaus/Am Markt, 21335 Lüneburg, Tel. 04131 2076620, https://lueneburg.info, Mo–Fr 9.30–18, Sa 9.30–16, So 10–16 Uhr. Wer sich einer Stadtführung anschließen will, dem bieten sich eine Vielzahl verschiedener Möglichkeiten. Auskunft und Buchung unter https://buchung-lueneburg.info/stadtfuehrungen.

› Informativ ist auch die Website **https://lueneplaner.de,** die von der Leuphana Universität gestaltet wird. Im Gegensatz zu vielen anderen Internetauftritten im touristischen Bereich, die oft nur als Appetitmacher dienen sollen, werden die Sehenswürdigkeiten hier ausführlich in Text und Bild mit detaillierten Informationen beschrieben.

› Anfahrt: Lüneburg liegt an der Bahnstrecke Hamburg – Hannover und ist Endpunkt des von Soltau über Uelzen fahrenden Bispinger Heide-Express. Die Stadt liegt am Ring 5 des Heide-Shuttles (s. S. 20). Mit dem Pkw erreicht man Lüneburg am besten auf der Autobahn A39, die hier endet.

Essen und Trinken

Am **Stintmarkt** und in der **Schröderstraße** findet man zahlreiche gute Cafés, Kneipen und Restaurants. Außerdem ist das Mälzer Brau- und Tafelhaus empfehlenswert.

27 [S. 144] **Altes Brauhaus** €€€, Grapengießerstr. 11, Tel. 04131 721277, https://brauhaus-lueneburg.de. Das Restaurant befindet sich in einer historischen Brauerei mit schönem Ambiente und hat eine je nach Saison wechselnde Speisekarte mit vorwiegend norddeutschen Klassikern.

28 [S. 144] **Elrado House** €€, Am Markt 4, Tel. 04131 390403, https://elrado-house.de. Der Schwerpunkt liegt auf kurzgebratenem Fleisch, mittags wird ein preiswerter Mittagstisch angeboten.

29 [S. 144] **La Taverna** €€, Am Stintmarkt 12, Tel. 04131 4000025, https://lataverna-lg.de. Typisch italienisches Restaurant in einem historischen Giebelbau direkt am Stintmarkt.

30 [S. 144] **Mälzer Brau- und Tafelhaus** €€, Heiligengeiststr. 43, Tel. 04131 47777, www.maelzerbrauhaus.de. Im Mälzer werden in uriger Atmosphäre neben einer großen Auswahl an leckeren Gerichten ungefilterte selbstgebraute Biere angeboten.

31 [S. 144] **Neptuns Fischrestaurant** €€, Bei der Abtspferdetränke 1, Tel. 04131 408528, www.neptuns-fisch-und-mehr.de. Gutes Restaurant mit ausschließlich Fisch- und Meeresfrüchtegerichten, besonders empfehlenswert ist die Fischsuppe.

Einkaufen

Die Lüneburger Altstadt ist nicht nur hübsch, sondern auch ein wahres **Einkaufsparadies.** Hier gibt es noch kleine, inhabergeführte Geschäfte wie einen Teeladen, eine Kaffeerösterei oder eine Schokoladenmanufaktur, um nur einige zu nennen.

- 32 [S. 144] **Biologisch Naturkost** ❀, Obere Schrangenstr. 6, 21337 Lüneburg, Tel. 04131 2461725, Di 12–17, Mi–Fr 11–17, Sa 11–15 Uhr. Der Bioladen bietet ein breites Sortiment an Naturkost. Im Innenhof kann man bei Kaffee oder Tee selbstgebackenen Kuchen essen oder von den leckeren Suppen probieren.
- 33 [S. 144] **Dropjes en Kopjes – Lakritzbar,** Bei der Abtspferdetränke 1, 21337 Lüneburg, Tel. 04131 6088551, Mo, Mi–Sa 10–18 Uhr. Ein Paradies für alle, die Lakritze von fruchtig bis salzig mögen.
- 34 [S. 144] **Kaffeerösterei Ratzsch,** Am Berge 19, 21337 Lüneburg, Tel. 04131 33733, Mo–Fr 9–18, Sa 9–16 Uhr. Hier kann man nicht nur frisch gerösteten Kaffee kaufen, sondern auch ein Tässchen trinken.
- 35 [S. 144] **Lüneburger Schokoladenmanufaktur,** Am Berge 26, 21337 Lüneburg, Tel. 04131 995477, www.praluene.de, Mo–Fr 10–18, Sa 10–16 Uhr. Hier gibt es handgemachte Schokolade und andere süße Leckereien vom Feinsten.
- 36 [S. 144] **Roy Robson Fabrikverkauf,** Bleckeder Landstraße 24, 21337 Lüneburg, Tel. 04131 887202, https://royrobson-fabrikverkauf.de, Mo–Fr 10–18, Sa 9.30–16 Uhr. Der Bekleidungshersteller Roy Robson, der seinen Hauptsitz in Lüneburg hat, betreibt etwas außerhalb der Altstadt einen Fabrikverkauf.
- 37 [S. 144] **Tee Gschwendner,** Grapengießer Str. 14, 21337 Lüneburg, Tel. 04131 789755, Mo–Fr 9.30–18.30, Sa 9.30–16.30 Uhr. Der Laden bietet eine große Auswahl an Teesorten.
- 38 [S. 144] **Violas Gewürze und Delikatessen,** Grapengießerstr. 22, 21337 Lüneburg, Tel. 04131 6040486, Mo–Fr 10–18.30, Sa bis 18 Uhr. Hier kann man aus einer großen Vielfalt an Gewürzen und Delikatessen aus aller Herren Länder wählen.

Bardowicker Spargel ist weit über die Grenzen des kleinen Orts hinaus bekannt und sogar aus Hamburg reisen Spargelliebhaber an, um das leckere Gemüse direkt beim Bauern zu kaufen. Bardowicker Spargel hat einen eigenen, unverwechselbaren Geschmack, den er aufgrund der optimalen Wachstumsbedingungen in den Sandböden der Region erhält. Eine der vielen Einkaufsmöglichkeiten bietet der Hofladen Jens Meyer, wo es neben Spargel auch andere saisonale Produkte zu kaufen gibt.

- 39 **Hofladen Jens Meyer,** Huderstr. 2, 21357 Bardowick, Tel. 04131 129356, https://obst-gemuesehof-meyer.de, Di–Fr 8–17.30, Sa 8–15 Uhr

8 Handeloh ★★ [C4]

Die Endsilbe „loh" im Ortsnamen weist auf eine Lichtung im Wald hin und das trifft auf Handeloh auch zu. Der 2500 Einwohner zählende Ort ist von allen Seiten von Wald umgeben und mit Seeve und Este fließen zwei Heideflüsse und zahlreiche kleinere Bäche durch das Gemeindegebiet.

Im Ort selbst kann man einen Blick in das **Naturkundliche Museum** werfen, wenn es denn geöffnet ist. Es birgt die größte private naturwissenschaftliche Sammlung Norddeutschlands. Allein die Muschel- und Schneckensammlung umfasst über 7000 Stücke.

Immer zugänglich ist der **Planetenweg.** Auf ihm kann man mit 16-facher Lichtgeschwindigkeit durch das Sonnensystem reisen. Bei einem Maßstab von 1:5 Milliarden entspricht jeder Schritt auf der Erde ungefähr vier Millionen Kilometer im All. Es macht Spaß, auf diesem vorbildlich angelegten Weg durch das Sonnensystem zu rasen, und nebenbei erweitert es auch den eigenen Horizont.

40 Naturkundliches Museum Alte Schmiede, Hauptstraße 42, 21256 Handeloh, Tel. 04188 7413, geöffnet auf Anfrage, Eintritt frei

› **Planetenweg,** https://astronomie-handeloh.de. Die Website des Arbeitskreises Astronomie Handeloh enthält neben Informationen zum Planetenweg auch eine Fülle interessanter Fakten über unser Sonnensystem.

9 Büsenbachtal ★★★ [C3]

Ganz im Norden des Handeloher Gemeindegebiets liegt die kleine Siedlung Wörme. Vom eigenen Bahnhof (Büsenbachtal) geht es direkt in das von dichten Nadelwäldern umschlossene Tal des Büsenbachs. Mit seinen ausgedehnten Heideflächen und den eingestreuten Wacholdern, die hier ihre nördliche Verbreitungsgrenze in der Lüneburger Heide haben, gehört es nach Meinung vieler zu den schönsten und romantischsten Flächen der Heide.

Zahlreiche **Wanderwege** durchkreuzen das Tal und die umliegenden Wälder. Einer der kürzeren ist der Weg hinauf auf den knapp 80 m hohen **Pferdekopf,** von dem man eine wunderbare Aussicht auf das Tal und die umgebende Heidelandschaft hat. Auch der **Heidschnuckenweg** (s. S. 118) verläuft durch das Tal. Er kommt aus Buchholz, führt durch die Höllenschlucht, über den Brunsberg ins Büsenbachtal und von dort weiter nach Handeloh.

Der **Büsenbach** ist ein kristallklarer Bach, der mit den sogenannten **Bachschwinden** eine Besonderheit aufweist: An mehreren Stellen verabschiedet er sich von der Oberfläche und verschwindet im Untergrund, um dann nach kürzerer oder längerer Strecke wieder aufzutauchen. Verantwortlich dafür sind die unterschiedlichen Bodenarten. Bei wasserundurchlässigen Schichten, z. B. Lehm, fließt er oberirdisch. Wird der Boden sandig oder kiesig versickert er und fließt unterirdisch weiter, bis er wieder auf eine wasserundurchlässige Schicht stößt, die ihn an die Oberfläche zwingt.

Das Büsenbachtal gehört zu den schönsten Gebieten der Lüneburger Heide

030ml-hpe

10 Holmer Mühle ★ [D3]

Im Nordosten, wenige Hundert Meter außerhalb des Gemeindegebiets von Handeloh, befindet sich an der Seeve die historische Holmer Wassermühle. Die aus dem Jahre 1758 stammende Mühle dient heute als Ort für Ausstellungen, Vorträge und Konzerte und zum **Schaumahlen.** Wer an Mahltagen in der Region weilt, sollte sich dieses Schauspiel nicht entgehen lassen. Es ist beeindruckend, wie die verschiedenen Zahnräder ineinandergreifen und das schwere Mahlwerk in Bewegung setzen – und alles nur mit Wasserkraft.

Wer Hunger hat, kann ein **Mühlenfrühstück** bekommen: Schmalz- und Butterbrote mit Kaffee oder Tee. Für zu Hause gibt es Bio-Mühlenbrot mit Mehl, das hier gemahlen wurde.

› Schierhorner Straße 1, 21244 Buchholz-Holm, Tel. 04187 7121, https://gmv-buchholz.de. Mahltage an jedem 2. Samstag im Monat von 10.30–13 Uhr

11 ALARIS Schmetterlingspark ★★ [D3]

Auf halbem Weg nach Buchholz liegt der Schmetterlingspark, wo es in einem Tropenhaus hunderte freifliegende Schmetterlinge und ihre Raupen zu beobachten gibt. Die farbenfrohen, oft großen Tiere kommen aus Südamerika, Südostasien, Afrika und Australien.

› Zum Mühlenteich 2, 21244 Buchholz, Tel. 04181 36481, https://alaris-schmetterlingspark.de, zwischen den niedersächsischen Oster- und Herbstferien tgl. 10–17 Uhr, Erw. 9,50 €, Kinder 6 €

Weitere Aktivitäten

Auf dem 10 km langen **Naturistenweg Undeloh** kann man sich zu Fuß oder mit dem Fahrrad unbekleidet in der Lüneburger Heide bewegen. Start und Ziel liegen auf einem Parkplatz zwischen Wesel und Wehlen. Detaillierte Infos finden sich unter www.naturistenweg.de.

Radfahrer können sich auf dem insgesamt über 90 km langen, wunderbaren **Seeveradweg** austoben. Der Radweg führt von der Quelle der Seeve bis zu ihrer Mündung in die Elbe. Er besteht aus drei miteinander verbundenen Rundtouren. Der 27 km lange Ring 1/Obere Seeve, der auch zur Quelle führt, verläuft durch Wörme, Handeloh und Wesel.

Infos und Reisetipps

41 Tourist Info Handeloh, Am Markt 1, 21256 Handeloh, Tel. 04188 891011, https://handeloh-tourismus.de, Juni–September Mo, Mi und Fr 14–16, Di und Do 12–12 Uhr, ansonsten Di und Do 10–12.30 Uhr.

› **Anfahrt:** Handeloh liegt mit zwei Bahnhöfen (Handeloh und Büsenbachtal) an der Strecke der RB 38, die Buchholz (Nordheide) mit Hannover verbindet. Wer von Hamburg-Harburg kommt, erreicht Buchholz schnell mit dem Metronom und steigt dort um. Im Sommer liegt der Ort am Ring 2 des Heide-Shuttles (s. S. 20).

Essen und Trinken

42 Der Schafstall €€, Am Büsenbach 35, 21256 Wörme, Tel. 04187 1072, https://der-schafstall.de. Im Büsenbachtal, nur wenige Schritte vom Bahnhof entfernt, befindet sich dieses empfehlenswerte Restaurant, das in einem Fachwerkgebäude mit Strohdach, einem ehemaligen Schafstall, untergebracht ist. Hier bekommt man vor allem Produkte aus der Region. Neben Heidschnuckenbraten gibt es auch Burger, Grütz- und Bratwurst von den Heideschafen oder Forellen aus Krögers Fischteichen. Auch dem Kuchenbuffet kann man kaum widerstehen. Im Sommer wartet noch eine besondere Attrak-

tion: die Gartenkonzerte. Auf der Bühne im Garten gibt es von Juni bis September an wechselnden Tagen (Programm s. Website) Konzerte, die von Klassik über Jazz bis Chanson reichen.

Einkaufen

43 **Demeterhof Wörme**, Im Dorfe 20, 21256 Wörme, Tel. 04187 609849, https://hofgemeinschaftwoerme.de. Der Hof bietet eine große Auswahl von Bioprodukten aus eigenem Anbau und aus der Region und eine besondere Übernachtungsmöglichkeit (s. S. 16).

44 **Forellenzucht Kröger,** Zu den Fischteichen 5, 21256 Wörme, Tel. 04187 6264, https://forelle-kroeger.de, Mo–Fr 9–18, Di bis 12, Sa bis 13 Uhr. Im Hofladen an den Fischteichen bekommt man neben frischen und geräucherten Bach- und Lachsforellen auch Salate und Kaviar.

Vom Fernblickplateau am Baumwipfelpfad in Nindorf kann man bis zum Hamburger Hafen schauen

Die Marienkirche in Undeloh hat einen freistehenden, hölzernen Turm

12 Nindorf am Walde ★★ [D4]

Nur unweit der Autobahnabfahrt Garlstorf (A7) liegt Nindorf am Walde (knapp 400 Einwohner). Das zu Hanstedt gehörende Haufendorf wurde 1162 das erste Mal urkundlich erwähnt. Große Fachwerkhöfe mit Strohdächern unter alten, riesigen Eichen prägen das Bild. Manche der Höfe sind noch von schönen Findlingsmauern umgeben.

Das Wappen des Dorfs ziert eine am Boden verwachsene Eiche mit einer Tanne, das sog. **Nindorfer Ehepaar,** das am Südhang des Stegbergs steht. Dem Naturdenkmal ist allerdings nach über 100 Jahren der Zerfall anzusehen. So entschloss man sich, ein neues Ehepaar zu pflanzen, weil das alte umzustürzen droht. Das neue ungleiche Baumpaar steht jetzt am Ortseingang in der Nähe des Feuerwehrgerätehauses und hofft auf eine lange gemeinsame Zeit zu zweit.

Etwas außerhalb des Orts liegt an der Landstraße Richtung Autobahn der **Wildpark Lüneburger Heide.** Auf 60 ha leben über 1200 Tiere. Neben vielen heimischen Arten kann man auch Tiere aus anderen Regionen der Erde sehen, z. B. Schneeleoparden, Sibirische Tiger oder Stachelschweine. Für Kinder gibt es ein Streichelgehege und einen Riesenspielplatz. Wer eine besondere Unterkunft sucht, kann im Schäferdorf direkt am Wildpark übernachten (s. S. 17).

Direkt am Wildpark gibt es mit dem **Heidehimmel** ein weiteres lohnendes Ziel. Der **Baumwipfelpfad** ist der höchste in Norddeutschland und er ist barrierefrei. Die Natur- und Umwelteinrichtung ist für Besucher aller Altersklassen geeignet. Sie vermittelt einen Eindruck von der Fauna und Flora der Region. Vom Fernblickplateau in 45 m Höhe bietet sich ein Blick bis zum Hamburger Hafen und über weite Teile der Lüneburger Heide.

- ★**45 Wildpark Lüneburger Heide**, Wildpark 1, 21271 Nindorf, Tel. 04184 89390, https://wild-park.de, tgl. März–Oktober 8–19 Uhr, November–Februar 9.30–16.30 Uhr, Erw. 14 €, Kinder (3–14 Jahre) 12 €, Kombiticket mit Heidehimmel 21,50/16,50 €
- › **Heidehimmel**, https://heide-himmel.de, tgl. März–Oktober 8–19 Uhr, November–Februar 9.30–16.30 Uhr, Erw. 9,50 €, Kinder (3–14 Jahre) 6,50 €

Infos und Reisetipps

- › **Anfahrt:** Mit dem ÖPNV erreicht man Nindorf mit Bussen von Lüneburg (Linie 5200) und Buchholz (Linie 4207). Im Sommer hält der Heide-Shuttle Ring 3 in Niendorf und am Wildpark (s. S. 20).

13 Undeloh ★★★ [D4]

Die 1000-Einwohner-Gemeinde Undeloh ist das nördliche Tor nach Wilsede 16 und eines der Touristenzentren in der zentralen Lüneburger Heide. Hier endet die für Privat-Pkw befahrbare Straße nach Wilsede. Weiter geht es nur zu Fuß, mit dem Fahrrad oder der Pferdekutsche.

Die Gemeinde besteht aus den Dörfern Undeloh, Wehlen und Wesel sowie mehreren, verstreut liegenden einzelnen Gehöften. Der Name des Orts ist langobardischen Ursprungs und wird übersetzt mit „Quelle am Eichenhain“. Gemeint ist wohl die Quelle des Radenbachs, der in Undeloh entspringt. Um diese Quelle rankt sich eine alte Legende: Während der Regenzeiten war sie trocken, aber wenn es nicht regnete und die Menschen dringend Wasser benötigten, dann sprudelte sie.

032ml-hpe

Das idyllische Dorfbild wird von historischen, reetgedeckten Fachwerkhöfen mit Findlingsmauern und mächtigen Eichen geprägt. Besonders sehenswert ist die **Marienkirche.** Die aus dem 12. Jh. stammende Fachwerk- und Feldsteinkirche hat einen freistehenden, hölzernen Glockenturm. Ein beliebtes Fotomotiv ist Hoyers Hus, ein Rauchhaus aus dem Jahr 1690.

Einen Besuch lohnt das **Heide-ErlebnisZentrum**, in dem man auf drei Stockwerken alles erfahren kann, was es über die Geschichte, Kultur und Ökologie der Heide zu wissen gibt. Von der Entstehung der Landschaft während der Saale-Kaltzeit bis hin zu ihrer Pflege und Erhaltung heute ist viel Interessantes zu erfahren.

In den gemütlichen Cafés und Restaurants des Orts bekommt man heidetypische Delikatessen wie Gerichte mit Heidschnuckenfleisch oder zum Kaffee Buchweizentorte.

★**46 Heide-ErlebnisZentrum,** Wilseder Str. 23, 21274 Undeloh, Tel. 04189 818648, https://verein-naturschutzpark.de, Mi–So 10.30–17 Uhr, Eintritt frei

Rauchhaus

Rauchhäuser finden sich vor allem in Holland und in Nord- sowie Ostdeutschland. Es sind Hallenhäuser, in denen Wohnbereich, Stallungen und Lager unter einem Dach vereint sind. Anders als bei anderen Hallenhäusern fehlt aber ein Schornstein, wodurch das Innere ständig von Rauch erfüllt war. Der Rauchabzug erfolgte durch Türen und kleine Öffnungen im Giebel, den sog. Eulenlöchern.

Rauchhäuser waren große Räucherkammern. Der Rauch konservierte das Gebälk, trocknete das Getreide und schützte vor Schädlingsbefall. Auch Würste und Schinken wurden auf diese Weise haltbar gemacht. Leider wurden auch die Bewohner „geräuchert“, was deren Gesundheit nicht unbedingt zuträglich war.

14 Wesel ★★★ [D4]

Der nördlich von Undeloh gelegene Ortsteil Wesel besticht vor allem durch seine 350 ha große Weseler Heide ✿. Das hügelige Gelände bietet viele schöne Aussichtspunkte und ist von zahlreichen Wander- und Spazierwegen durchzogen.

Besonderes Kleinod sind die **Pastorenteiche** ✿, die zu den beliebtesten Fotomotiven in der Lüneburger Heide gehören. Die etwas nordöstlich vom Dorf gelegenen Teiche wurden vor über 100 Jahren als **Fischteiche** angelegt, werden heute aber nicht mehr als solche genutzt. Inzwischen fühlen sich hier Amphibien, Libellen und andere Insekten pudelwohl. An den Teichen soll der **Heidepastor Wilhelm Bode** oft gesessen haben, um seine Predigten vorzubereiten oder einfach nur die Landschaft zu genießen.

Sehenswert ist auch das **Hexenhaus** aus dem Jahr 1731. Das Gebäude wurde ursprünglich zum Backen genutzt und wegen der Brandgefahr am Dorfrand errichtet. Später wurde es für Wohnzwecke zu einem Rauchhaus umgebaut und erhielt dadurch seine heutige Form. Der Name leitet sich wohl von seiner verwinkelten, hexenhausartigen Bauweise ab und hat nichts mit „wirklichen“ Hexen zu tun. Das Gebäude, das als schützenswertes Einzeldenkmal gelistet und in der Lüneburger Heide einmalig ist, ist ein schönes Beispiel für die Wirtschafts- und Wohnverhältnisse der letzten drei Jahrhunderte.

033ml-hpe

Weitere Aktivitäten

Die Gemeinde hat zwei besondere **Aussichtspunkte**, die im Laufe der Zeit zu beliebten Hotspots zur Beobachtung romantischer Sonnenauf- und -untergänge geworden sind. Ausgangspunkt, um **Sonnenuntergänge** zu sehen, ist der gut 2 km von Undeloh entfernte, kostenpflichtige Wanderparkplatz an der Straße zwischen Undeloh und Wesel. Dort geht es vom Parkplatz direkt in die Heide und am ersten kleinen Pfad links auf einen Hügel, von wo man einen wunderbaren Panoramablick Richtung Westen hat.

Sonnenaufgänge lassen sich am besten von einer Anhöhe zwischen Wesel und Schierhorn beobachten. Von dem Parkplatz zwischen den beiden Orten geht es auf der gegenüberliegenden Seite Richtung Schafstall und noch davor rechts auf einem Weg auf eine Anhöhe, wo zwei Bänke stehen. Ein romantischer Platz für alle Frühaufsteher.

Das Wald- und Heidegebiet um Undeloh ist ein beliebtes **Wanderrevier.** Neben zahlreichen kürzeren Wanderwegen wie dem 6,5 km langen Kerk-

Die Pastorenteiche gehören zu den beliebtesten Fotomotiven in der Heide

Heidepastor Wilhelm Bode

Wilhelm Bode (1860–1927) war ein evangelischer Geistlicher, der auch heute noch als Heidepastor in der Lüneburger Heide bekannt ist. Als einer der ersten Naturschützer in Deutschland setzte er sich für den Erhalt der Kulturlandschaft der Heide ein.

Sein Engagement begann mit dem Kauf des Totengrunds, einem Talkessel am Rande des Wilseder Bergs, und der Gründung des Vereins Naturschutzpark. Mit dieser Aktion legte er den Grundstein für das heutige Naturschutzgebiet Lüneburger Heide. In den darauffolgenden Jahren führte Bode den Verein und setzte sich persönlich für umfangreiche Flächenkäufe in der Heide ein. So erwarb der Verein auch den Wilseder Berg, um ihn vor der geplanten Aufforstung zu bewahren.

Dank Wilhelm Bodes Einsatz und Vision blieben die großen Heideflächen rund um den Wilseder Berg bis heute erhalten. Sein Wirken hat die Region geprägt und maßgeblich zum Erhalt der einzigartigen Heidelandschaft geführt. Darüber hinaus hat er einen wertvollen Beitrag zum Naturschutz in Deutschland geleistet.

stieg zwischen Wesel und Hanstedt oder den beiden Heidelehrwegen in Undeloh und Wesel führen mehrere Langstreckentouren durch die Gemeinde. Aushängeschild ist der Heidschnuckenweg (s. S. 118), von dem drei Etappen von Handeloh über Wesel und Undeloh bis Wilsede führen. Auch von den Europawanderwegen E1 und E9, dem Freudenthalweg und dem Jakobsweg Lüneburger Heide verlaufen Etappen durch das Gebiet.

Wer nackt wandern möchte, findet auf dem **Naturistenweg Undeloh** (s. S. 41) eine der ganz wenigen Möglichkeiten in Deutschland.

Für **Radler** bieten sich neben zahlreichen kürzeren Tagestouren u. a. der Heide-Wasserweg (92 km), die Heide-Erlebnis-Route (106 km) oder die Heide-Kunst-Tour (54 km) an.

Reiter finden in der Region mehr als 100 km Reitwege. Begleitete Ausritte und Wanderritte auf Leihpferden u. a. in die Weseler Heide bietet z. B. die ausgebildete Wanderreiterin Iris Schöndube.

› **Iris Schöndube,** Tel. 04184 889628 oder Tel. 0170 3503075 (nur tagsüber)

Kutschfahrten durch die Heide und nach Wilsede können bei den folgenden Anbietern gebucht werden:

- 47 **Ferienhof Heins,** Zur Dorfeiche 12, 21279 Undeloh, Tel. 04189, https://ferienhofheins.de
- 48 **Garbers Hof,** Familie Degener, Zur Dorfeiche 4, 21279 Undeloh, Tel. 04189 452, https://degener-garbershof.de
- 49 **Hotel Heiderose,** Familie Wischhof, Wilseder Str. 13, 21279 Undeloh, Tel. 04189 311, https://hotel-heiderose.de
- 50 **Kutschfahrten Thomeier,** Zur Dorfeiche 22, 21274 Undeloh, Tel. 04189 8189705, https://kutschfahrten-thomeier.de

Infos und Reisetipps

51 **Verkehrsverein Undeloh und Umgebung,** Zur Dorfeiche 10, 21279 Undeloh, Tel. 04189 333, www.undeloh.de, Öffnungszeiten wechseln (Telefonansage)

› **Anfahrt:** Über die Buslinie 420 der zum Hamburger Verkehrsverbund (HVV) gehörenden KVG-Stade ist Undeloh mit Egestorf verbunden. Im Sommer sind die Orte über die Ringe 2 und 3 an den Heide-Shuttle angebunden (s. S. 20).

Essen und Trinken

52 **Alter Schmiedehof** €€, Wilseder Str. 7, 21274 Undeloh, Tel. 04189 8186939, https://alterschmiedehof.com, Di–Sa. Die Speise- und Schankwirtschaft ist in einem prächtigen Fachwerkgebäude untergebracht. Nebenan, in einem historischen Schafstall aus dem Jahre 1712, öffnet in der warmen Jahreszeit und bei gutem Wetter Fr bis So der Schnucken-Stop, das Hofcafé. Der historische Gasthof stand lange Zeit leer und war ziemlich heruntergekommen, bis ihn der ehemalige Polizist Bernd Viets kaufte und mit viel Engagement und Eigenleistung zu einem Vorzeigeprojekt ausbaute.

15 Egestorf ★★ [D4]

Egestorf liegt nur unweit der A7 am Ostrand des Naturschutzgebiets Lüneburger Heide. Die Gegend um den Ort ist schon seit langer Zeit besiedelt, was Grabhügel aus der Bronzezeit belegen. Erstmals urkundlich erwähnt wurde Egestorf 1252.

Besonders sehenswert ist die in der Ortsmitte stehende **Fachwerkkirche St.-Stephanus.** Sie hat, wie die Kirche in Undeloh 13, einen freistehenden hölzernen Glockenturm. Auch ein Blick in das Innere der reich verzierten Kirche lohnt sich. Auf dem Dorfplatz vor dem Gotteshaus steht ein Denkmal mit einer Büste des Heide-

034ml-hpe

pastors **Wilhelm Bode** (s. S. 45), der einen Großteil seines Lebens in Egestorf verbracht hat.

Die Touristeninformation ist in dem 1827 erbauten **Dresslers Hus** untergebracht. Dort gibt es auch eine Bilderausstellung zum alten Egestorf und ein kleines **Dorfmuseum**. Beide können während der Öffnungszeiten der Touristeninformation besichtigt werden.

Alljährlich Ende Oktober verwandelt sich der ansonsten so beschauliche Dorfplatz rund um die Kirche in einen bunten Markplatz mit regem Treiben. Jeweils am letzten Sonntag und Montag im Monat wird der traditionelle **Egestorfer Vieh- und Krammarkt** abgehalten. Auf dem traditionellen Markt, den es schon seit 1379 gibt, werden neben Kleinvieh wie Hasen, Meerschweinchen und Hühnern auch größere Tiere bis hin zu Pferden gehandelt. Daneben gibt es auch Haushaltsartikel und anderen „Krams". Für das leibliche Wohl findet man in einer bunten Budenstadt ausreichend Angebote.

Weitere Aktivitäten

Von Egestorf aus führen zahlreiche **Wanderwege** in die Lüneburger Heide. Am bekanntesten ist der ca. 9 km lange Abschnitt des Pastor-Bode-Wegs nach Wilsede 16, den der Heidepastor selbst sehr häufig gegangen ist. Der ganze, etwa 44 km lange Wanderweg verbindet Lüneburg mit dem Wilseder Berg. Egestorf bietet über einen markierten Wanderweg auch einen Zugang zum Heidschnuckenweg.

Radfahrern stehen zahlreiche markierte Touren zur Verfügung. Dabei reicht die Spannweite von wenigen Kilometern bis zu über 100 km.

Kutschfahrten werden vom südlich gelegenen Ortsteil Döhle aus angeboten. Ein Erlebnis besonderer Art bietet der **Barfußpark Lüneburger Heide**. An

Die Fachwerkkirche in Egestorf bildet das Zentrum des Orts

60 Stationen mit unterschiedlichen Naturböden kann man hautnah erleben, wie sich der Untergrund an den Fußsohlen anfühlt. Auf dem fast 3 km langen Weg läuft man durch matschigen Lehm, auf weichem Waldboden oder kitzligen Kieseln und vielem mehr. Ganz Mutige trauen sich sogar, über Glasscherben zu laufen.

Wer Wasser mag, ist im **Naturerlebnisbad Aquadies** richtig, das sich gleich neben dem Barfußpark befindet. Das vollbiologische Naturbad mit Heidesauna nach finnischem Vorbild bietet eine moderne Wasserlandschaft mit Erlebnisbereichen für die ganze Familie.

› **Der Heidekutscher,** Dennis Dierking, Tel. 0172 4220479, www.derheidekutscher.de

› **Exklusive Kutschfahrten,** Britta Alpers, Tel. 0160 4152548, https://exklusive-kutschfahrten.de

★**53 Barfußpark Lüneburger Heide**, Ahornweg 7, 21272 Egestorf, Tel. 04175 1423, https://barfusspark-egestorf.de, Mai–September tgl. 9–18 Uhr, Erw. 8,50 €, Kinder (4–15 Jahre) 6,50 €

S**54 Naturerlebnisbad Aquadies**, Ahornweg 9, 21272 Egestorf, Tel. 04175 280, https://aquadies.de, Mitte Mai–Mitte September Di–So 9–18 Uhr, Erw. 3 €, Kinder 2 €

Infos und Reisetipps

55 Touristinformation Egestorf, Dresslers Hus, Im Sande 1, 21272 Egestorf, Tel. 04175 1516, https://egestorf.de, Mai–Mitte Oktober Mo–Fr 10–14 Uhr, ansonsten nur bis 12 Uhr

› **Anfahrt:** Mit Buslinie 4207 (HVV) von Buchholz. Im Sommer wird der Ort über die Ringe 2, 3 und 5 vom Heide-Shuttle angefahren (s. S. 20). Mit dem Pkw über die A7, von Norden kommend die Ausfahrt Egestorf, von Süden Ausfahrt Evendorf.

Einkaufen

56 Brennerei Bosselmann, Kuhlhof 7, 21272 Egestorf, Tel. 01515 0620263, https://heidebrennerei.com, Besuche nach telefonischer Absprache. Hier gibt es Gin und andere Brände mit Zutaten aus der Heide aus Deutschlands wahrscheinlich kleinster Privat-Gin-Destillation. Alle Rezepte ersonnen von Dr. Bosselmann – nach eigenen Angaben Alchimist, Botanist, Jäger und Sammler.

57 Egestorfer Fuhrenbräu, In den Fuhren 3, 21272 Egestorf, Tel. 0171 6277686, https://egestorfer-fuhrenbraeu.de, Direktvermarktung an der Brauerei Sa 10–14 Uhr oder nach Vereinbarung. In der kleinen Brauerei werden nach alter Tradition verschiedene Biere gebraut. Bei einer Führung (ca. 3 Std.) kann man dem Braumeister über die Schulter schauen. Termine auf Facebook und Instagram.

Essen und Trinken

58 Acht Linden €€, Alte Dorfstr. 1, 21272 Egestorf, Tel. 04175 84333, https://hotel-acht-linden.de. Das Hotel mit Restaurant und Biergarten befindet sich im Zentrum mit Blick auf die Kirche. Es ist ein beliebtes Ausflugslokal und bietet neben Spezialitäten vor allem regionale Küche (z. B. Heidschnuckengerichte, aber auch Fisch vom Hamburger Fischmarkt) und je nach Jahreszeit eine extra Saisonkarte.

16 Wilsede ★★★ [D4]

Man sagt, dass alle, die noch nicht in Wilsede waren, auch noch nicht die „richtige" Heide kennengelernt haben. Auch wenn das nicht unbedingt stimmt, hat das kleine, idyllische Dorf ein Alleinstellungsmerkmal, das es sonst in der Heide nicht mehr gibt: Es ist autofrei und kann nur zu Fuß, mit dem Fahrrad oder der Pferdekutsche erreicht werden. Ausnahmen von die-

ser Regel gibt es nur für Dorfbewohner und Übernachtungsgäste, die eine Sonderdurchfahrterlaubnis erhalten.

Das Dorf gleicht mit seinen historischen Bauwerken einem Museumsdorf, ist aber ganz normal bewohnt. Um die 30 Einwohner leben hier dauerhaft, und zwar mehr oder weniger vom Tourismus. Zur Zeit der Heideblüte pilgern täglich mehrere Tausend Besucher in das Dorf und auch wenn es außerhalb der Hochsaison ruhiger wird, zieht es immer noch zahlreiche Touristen an.

Wilsede, erstmals 1297 urkundlich erwähnt, ist ein typisches, lockeres Haufendorf ohne sichtbare Ordnung und ohne scharfe Grenze zur umliegenden Landschaft. Außer dem Dorfbild, das von geschichtsträchtigen Fachwerkbauten mit Strohdächern geprägt wird, lohnt auch das **Heidemuseum Dat ole Huus** einen Besuch, in dem man viel über das Leben der Bauern um die Mitte des 19. Jh. erfahren kann. Das Museum (s. S. 50) ist eines der ältesten Rauchhäuser im Naturschutzgebiet Lüneburger Heide. Dazu gehört der ehemalige **Schafstall auf dem Emhoff**, in dem heute wechselnde Ausstellungen gezeigt werden.

Was wäre ein Besuch von Wilsede ohne eine Wanderung auf den **Wilseder Berg** (hin und zurück ca. 7 km)? Die nur 169 m messende Anhöhe – nach alpinen Maßstäben nicht einmal ein Hügel, von Norddeutschen aber als richtiger Berg angesehen – ist die höchste Erhebung im Norddeutschen Tiefland. Erfahrung im Bergwandern ist nicht nötig, Trittsicherheit und Schwindelfreiheit auch nicht. Von seinem Gipfel hat man einen wunderbaren 360°-Panoramablick, der bei klarer Sicht im Norden bis nach Hamburg reicht.

Nicht minder schön ist die kurze Wanderung zum etwa 1 km entfernten **Totengrund**, der als Keimzelle des Naturschutzgebiets Lüneburger Heide gilt. Der wahrscheinlich in der Weichsel-Kaltzeit entstandene, 30 ha große Talkessel ist mit Heide und Wacholder bewachsen. Um das Trockental mit seinen bis zu 40 m hohen Wänden führen am oberen Rand Wanderwege mit guter Aussicht herum. Das Tal selbst darf nicht betreten werden. Wer die Möglichkeit hat, im Herbst bei Sonnenaufgang am Rand zu stehen, wenn die Nebelschwaden durch das Tal wabern, wird den Anblick so schnell nicht wieder vergessen.

Nur wenige Hundert Meter östlich des Dorfs am Pastor-Bode-Weg Richtung Egestorf findet man noch größere Bestände der früher weit verbreiteten **Hutewälder.** Uralte Eichen und Buchen stehen vereinzelt in einer parkähnlichen Landschaft.

Wanderweg am Wilseder Berg

035ml-hpe

036ml-hpe

Hutewald

Hutewälder sind keine Naturlandschaften, sondern durch eine besondere Nutzungsform entstandene Kulturlandschaften. Bei dieser Form der Weidewirtschaft, auch Waldweide genannt, wurde das Vieh in den Wald getrieben, um dort seine Nahrung zu suchen. Die Tiere fraßen vornehmlich die am Boden liegenden, nahrhaften Eicheln und Blätter sowie Zweige der jungen Bäume. Dadurch konnten keine neuen Bäume nachwachsen, eine Naturverjüngung des Waldes blieb aus, die großen, fruchttragenden Bäume erhielten mehr Raum. Es entstanden lichte, parkähnliche Wälder, aber auch lichtere Flächen bis hin zu nur noch von einzelnen Bäumen bestandene Weiden (Hutweiden). In Europa wurde diese Art der Weidewirtschaft von der Jungsteinzeit bis ins 19. Jh. betrieben.

Man kann auch heute sehen, wo diese Form der Weidewirtschaft noch betrieben wird. Das Vieh frisst an den alten Bäumen alles ab, was es erreichen kann. So entsteht eine charakteristische schnurgerade Linie an der Unterkante der Bäume.

59 Heidemuseum Dat ole Huus, Wilsede, 29646 Bispingen, (während der Saison) Tel. 04175 802933, www.verein-naturschutzpark.de/heidemuseum-wilsede, Mitte Juli–Ende Okt. tgl. 10–16 Uhr, sonst nur an Wochenenden und Feiertagen 10–16 Uhr, im Winter geschlossen, Erw. 3 €, bis 12 Jahre Eintritt frei

Weitere Aktivitäten

Neben kürzeren **Wandertouren** gibt es noch eine Fülle von weiteren Möglichkeiten, die Heide von Wilsede aus zu erkunden. Auch mehrere Weitwanderwege, wie der Heidschnuckenweg, der Pastor-Bode-Weg oder die Lila Krönung führen von und nach Wilsede. Auch **Radfahrer** finden in und um Wilsede ein reiches Betätigungsfeld.

Infos und Reisetipps

› **Anfahrt:** Wilsede kann nicht mit öffentlichen Verkehrsmitteln erreicht werden und die Zufahrt mit eigenem Pkw ist nur für Übernachtungsgäste mit Sonderdurchfahrterlaubnis möglich. Zugänge gibt es von Haverbeck 17, Undeloh 13 und Egestorf-Döhle 15, wo es jeweils große Parkplätze gibt. Von dort geht es zu Fuß, mit dem Rad oder der Pferdekutsche weiter. Auch der Heide-Shuttle fährt nicht nach Wilsede.

Essen und Trinken

60 Milchhalle €, Wilsede, 29646 Bispingen, Tel. 04175 802932, tgl. 11–17, in der Hauptsaison ab 10 Uhr. Das Selbstbedienungsrestaurant bietet preiswerte Gerichte und Kuchen, vornehmlich aus der Region. Besonders beliebt sind die Kuchenspezialitäten aus Buchweizenmehl.

Im ehemaligen Schafstall auf dem Emhoff werden wechselnde Ausstellungen gezeigt (s. S. 49)

Naturpark und Naturschutzgebiet Lüneburger Heide

Der 1956 gegründete und 2007 auf seine heutigen Grenzen erweiterte Naturpark Lüneburger Heide ist der älteste seiner Art in Deutschland und zählt mit einer Fläche von 107.000 ha zu den größten. Er erstreckt sich im Norden von Buchholz in der Nordheide bis nach Soltau im Süden. Im Westen reicht er bis nach Schneverdingen und im Osten grenzt er an Lüneburg. Im Herzen des Naturparks liegt das Naturschutzgebiet Lüneburger Heide. Darüber hinaus umfasst er mehr als 20 weitere Naturschutz- und 50 Landschaftsschutzgebiete.

Ziel des Parks ist die nachhaltige Entwicklung der Region als Lebens-, Wirtschafts- und Erholungsraum, wobei die Vielfalt und Schönheit der Kulturlandschaft durch eine schonende, umweltverträgliche Nutzung erhalten bleiben soll.

Das Naturschutzgebiet Lüneburger Heide umfasst große Flächen der niedersächsischen Geest und ist mit 23.480 Hektar eines der größten in Deutschland. Schon 1921 wurden Teile des heutigen Gebiets von der preußischen Regierung unter Schutz gestellt, womit es auch zu den ältesten Schutzgebieten in Deutschland zählt.

Außer der größten zusammenhängenden Heidefläche Mitteleuropas befinden sich auch ausgedehnte Wälder und Moore im Naturschutzgebiet. Zahlreiche Heidebäche und -flüsse haben hier ihren Ursprung. Das Areal ist ein bedeutender Lebensraum für seltene Pflanzen und Tiere. Viele bedrohte Arten haben hier ihr Zuhause gefunden. So kann man zum Beispiel Birkhuhn, Heidelerche und Raubwürger, Zauneidechse, Schlingnatter und Kreuzotter entdecken. In den Gewässern leben Bachneunaugen und Groppen und auch Fischotter fühlen sich hier wohl.

Einkaufen

› **Museumsladen,** direkt neben der Milchhalle. Hier bekommt man Souvenirs und heidetypische Spezialitäten wie Heidschnuckenprodukte und Honig. Der Laden ist nur in der Hauptsaison geöffnet.

17 Haverbeck ★★★ [D4]

Haverbeck gehört zu den beliebtesten Zielen in der Lüneburger Heide. Das Dorf liegt wunderbar in eine sanft hügelige Landschaft eingebettet inmitten schönster, ausgedehnter Heideflächen.

Der kleine Ort Haverbeck liegt mitten im Naturschutzgebiet Lüneburger Heide an der Landstraße zwischen Behringen und Wintermoor. Der stark touristisch geprägte Ort besteht aus den beiden Heidedörfern **Nieder- und Oberhaverbeck,** die als lockere Haufendörfer ohne scharfe Grenze in die umliegende Heide übergehen. Beide Orte haben zusammen weniger als 100 Einwohner, täglich aber ein Vielfaches an Besuchern. Mehrere sehr große **Wanderparkplätze** sind Ausgangspunkt für Wanderungen, Radtouren und Kutschfahrten in die umliegende Heide, insbesondere nach Wilsede und zum Wilseder Berg, der etwa 4 km entfernt ist.

In Niederhaverbeck stehen die wenigen Fachwerkhäuser, oft Hotels und/oder Gaststätten, in gebührendem Abstand entlang der Straße. Ein

Heidschnuckenstall und das **Naturinformationshaus** gehören ebenso dazu. Im Naturinformationshaus gibt es die sehr interessante und informative Ausstellung Bienenwelten, in der man viel über Bienen und die Heideimkerei früher und heute erfährt.

In Oberhaverbeck liegen die wenigen Häuser, auch sie vielfach zu Gästehäusern, Ferienwohnungen und -höfen mutiert, in lockerem Ensemble nördlich der Landstraße.

Weitere Aktivitäten

Haverbeck ist Ausgangspunkt für zahlreiche **Wanderungen** in die umliegende Heide. Am beliebtesten sind die zum Wilseder Berg und nach Wilsede (16). Auch die Aussichtsplattform Fürstengrab, der Turmberg, der Aussichtspunkt am Suhorn und der Wümmeberg sind beliebte Ziele. Haverbeck ist auch Etappenziel des Heidschnuckenwegs (s. S. 118), der von Wilsede kommt. Er führt von Haverbeck weiter nach Bispingen, entweder direkt über Behringen oder in einem Bogen über das westlich gelegene Schneverdingen.

Auch für **Radfahrer** bieten sich rund um Haverbeck viele Möglichkeiten und natürlich kann man auch an einer **Kutschfahrt** teilnehmen. Die folgenden Anbieter starten mit ihren Kutschen vom großen Parkplatz in Niederhaverbeck:

› **Hillmers Kutschfahrten,** Tel. 05198 210, https://hillmers-kutschfahrten.de
› **Kutschen Meyer,** Tel. 05193 6491, https://kutschenmeyer.de

Abplaggen

Der Begriff „sich abplagen" wird heutzutage oft mit anstrengender körperlicher Arbeit in Verbindung gebracht. Weniger bekannt ist, dass dieser Ausdruck eng mit dem Begriff „abplaggen" aus der Heidewirtschaft verknüpft ist.

Die Heide ist eine Pflanze, die besonders gut auf nährstoffarmen Böden wächst. Im Lauf der Zeit sammeln sich jedoch zunehmend Nährstoffe im Boden an. Dies hat zur Folge, dass die Heide von anderen Pflanzen, die auf nährstoffreicheren Böden besser gedeihen, verdrängt wird. Durch das sog. Plaggen, das Entfernen der humushaltigen, nährstoffreichen obersten Erdschicht, werden die optimalen Wachstumsbedingungen für die Heide wiederhergestellt.

Früher war das Plaggen Handarbeit und sehr schweißtreibend, heute muss sich aber keiner mehr abplagen: Die schwere Arbeit erledigen inzwischen Landmaschinen.

Infos und Reisetipps

ⓘ 61 **Naturinformationshaus Niederhaverbeck,** Niederhaverbeck, 29646 Bispingen, https://verein-naturschutzpark.de, Mitte Juli–Mitte Oktober täglich 10–17 Uhr, ansonsten nur am Wochenende

› **Anfahrt:** mit der zum Hamburger Verkehrsverbund gehörende Buslinie 156 von Schneverdingen nach Behringen. Im Sommer wird der Ort über die Ringe 1 und 2 vom Heide-Shuttle angefahren (s. S. 20). Mit dem Pkw über die A7, Abfahrt Bispingen.

Essen und Trinken

In Haverbeck gibt es eine ganze Reihe an Restaurants, die regionale Speisen (meist mit Heidschnuckengerichten) anbieten. Am Parkplatz in Oberhaverbeck gibt es den Calluna Imbiss. Hier kann man nichts falsch machen.

62 **Calluna Imbiss,** 29646 Bispingen, tägl. 10–18 Uhr

⑱ Behringen ★★ [D4]

Behringen liegt am Nordrand des Naturschutzgebiets Lüneburger Heide nahe der Autobahn A7. Die südlich angrenzende Heide reicht bis nach Haverbeck ⑰. Der Ort ist vor allem durch den ca. 7 ha großen **Brunausee** bekannt, der ein beliebtes Naherholungsgebiet ist. Der Baggersee mit Badestelle, Tretbootanleger, Restaurant und Quadbahn wurde 1980 angelegt. Er wird von der Brunau, einem Nebenfluss der Luhe, durchflossen.

Am ersten Augustwochenende findet jedes Jahr das weithin bekannte **Behringer Seefest** statt, bei dem vor allem die leuchtenden Wasserspiele und das Höhenfeuerwerk viele Besucher anziehen. Behringen ist zudem ein Etappenziel des **Heidschnuckenwegs** (s. S. 118).

●63 **Familien-Quadbahn am Brunausee**, Uhlenstieg 13a, 29646 Bispingen, Tel. 0162 9799185, https://quadbahn-bispingen.de, ab 13 € pro Quad (10 Min.), Miete Sturmhaube 1,50 €

Infos und Reisetipps

ℹ64 **Verkehrsverein Behringen,** Mühlenstr. 2, 29646 Bispingen, Tel. 05194 830, www.behringen-online.de, Juli–September Mo–So 9–12 Uhr, ansonsten Mi geschlossen, im Winter nicht geöffnet.

› **Anfahrt:** Mit der Buslinie 156 (HVV) von Schneverdingen nach Behringen. Im Sommer wird der Ort über die Ringe 1, 2 und 4 vom Heide-Shuttle angefahren (s. S. 20). Mit dem Pkw über die A7, Abfahrt Bispingen.

Essen und Trinken

65 **Hotel Zur grünen Eiche** €€, Mühlenstr. 6, 29646 Bispingen, Tel. 05194 98580, https://hotel-behringen.de. Das Restaurant des Hotels, das inzwischen seit über 100 Jahren im Familienbesitz ist, ist für seine schmackhaften Speisen bekannt. An Sonn- und Feiertagen ist zwischen 10.30 und 13.30 Uhr besonders das Brunchbüfett beliebt.

⑲ Schneverdingen ★★★ [C4]

Der staatlich anerkannte Luftkurort Schneverdingen liegt wunderbar eingebettet zwischen Heiden, Wäldern und Mooren im Westen des Naturparks Lüneburger Heide. Das einstige kleine Heidedorf hat sich im Laufe der Zeit zu einer Kleinstadt mit knapp 20.000 Einwohnern entwickelt, die Einwohnern und Touristen alle Versorgungsmöglichkeiten bietet.

Touristisch setzt der Ort ganz auf seine Natur und vor allem auf die ausgedehnten Heideflächen, daher kann es nicht verwundern, dass das größte Event im Jahr das **Heideblütenfest** Ende August ist, eine der größten Veranstaltungen dieser Art in der Lüneburger Heide. Höhepunkt des seit 1922 veranstalteten Fests ist der Umzug mit der anschließenden **Krönung der Heidekönigin.** Ihr ist auch eine Bronzeskulptur im Zentrum der Stadt gewidmet.

In einem der größten und ältesten Höfe der Stadt, dem **Theeshof,** ist das **Heimatmuseum** untergebracht. Hier gibt es interessante Einblicke in den Wohn- und Arbeitsbereich der Heidebauern aus der Zeit von 1850 bis 1950 und Informationen zur Entwicklung der Stadt. Der Theeshof ist darüber hinaus auch ein Veranstaltungsort, in dem Bauernmärkte, Schmalzbrotabende und andere heimattypische Veranstaltungen stattfinden.

Einmalig ist die im südöstlichen Stadtgebiet stehende **Eine-Welt-Kirche.** Die 1999 vorwiegend aus Holz

037ml-hpe

errichtete Kirche birgt in ihrem Innern den sog. **Eine-Erde-Altar,** der die gemeinsame Basis aller Menschen symbolisiert. 7000 „Erdbücher“ verbinden das Naturelement Erde mit dem Kultursymbol Buch. Menschen aus aller Herren Länder haben mit Erdspenden und den zugehörigen beschreibenden Texten zu dem Altar beigetragen.

ii66 Eine-Welt-Kirche, Ernst-Dax-Str. 8, 29640 Schneverdingen, Tel. 04187 7121, https://markusgemeinde-schneverdingen.de, von Ostern bis zum Reformationstag tgl. 10–12 und 15–17 Uhr, Infos zu Führungen: Tel. 05193 800828, Eintritt frei, Führungen kostenlos

M67 Freilichtmuseum De Theeshof, Langelohsberg 13, 29640 Schneverdingen, https://heimatbund-schneverdingen.de, Mai–Oktober Do–So 15–18 Uhr, Erw. 3 €, Kinder Eintritt frei. Infos zu Führungen: Tel. 05193 4504.

Im Norden Schneverdingens, östlich der L171, liegt das Landschaftsschutzgebiet **Höpen.** Das hügelige Gelände besteht aus landwirtschaftlichen Flächen, Wäldern und schönen Heideflächen mit Wacholdern. Noch am nördlichen Stadtrand, aber schon im Höpen, befindet sich der **Heidegarten.** Die 1990 eröffnete wunderschöne Gartenanlage wurde seither ständig erweitert und bietet mittlerweile etwa 200.000 Heidepflanzen in ca. 200 verschiedenen Sorten, von denen das ganze Jahr über immer einige blühen.

★68 Heidegarten, Overbeckstraße 57, ganzjährig frei zugänglich

Weiter im Norden kommt man nach kurzem Fußweg vom großen Wanderparkplatz Höpen an der L171 zur **Höpen Schäferei.** Am Schafstall lässt sich von Mitte April bis Mitte Oktober morgens der Austrieb (ca. 10.30 Uhr) und abends der Eintrieb (zwischen 17 und 17.30 Uhr) der Heidschnucken beobachten.

★69 Höpen Schäferei , Steffen Schmidt, Reinsehlen 2A, 29640 Schneverdingen, Tel. 05198 9811675, https://hoepenschaeferei.de. Den Standort der Schäferei findet man in Routenplanern als Schafstall Heidschnuckenherde oder Höpen Schneverdingen. Der Schafstall befindet sich unweit vom Wanderparkplatz Höpen an der L171.

Der Eine-Erde-Altar mit den „Erdbüchern“ in Schneverdingen

Am besten überblicken lässt sich die Landschaft vom 119 m hohen **Höpenberg**, von dem aus man sogar den Wilseder Berg sehen kann. Auf seinem „Gipfel" gibt es schöne Rastmöglichkeiten. Auch er ist schnell vom Wanderparkplatz Höpen aus erreicht.

Eine schöne, etwa einstündige Rundtour bietet der **Heidebauernweg**, der mit roten Schafen markiert ist. Auf dem Lehrpfad, der für die ganze Familie geeignet ist, erfährt man viel über das harte Leben der Heidebauern von vor 200 Jahren. Er beginnt am Parkplatz Höpen und führt zunächst zum Schafstall der Höpen Schäferei, wo man auch die erste Schautafel findet.

Östlich der Stadt liegt die großflächige **Osterheide**, die den westlichen Teil des Naturschutzgebietes Lüneburger Heide bildet. Sie reicht vom Stadtrand Schneverdingens bis zur 10 km entfernten Bundesstraße 3 im Osten. Das riesige Gebiet war vom Ende des Zweiten Weltkriegs bis in die 1990er-Jahre Truppenübungsplatz des britischen Militärs. Schwe-

Hoch- und Niedermoor

Hochmoore, auch Regenmoore genannt, sind mineralsalzarme, nasse Lebensräume, die ihren Bedarf an Wasser und Mineralsalzen ausschließlich aus dem Regenwasser decken und eine an diese extremen Lebensbedingungen angepasste spezielle Pflanzen- und Tierwelt haben. Hochmoore bestehen aus einer dünnen Schicht wurzelloser Torfmoose, die nur sehr langsam in die Höhe wachsen. Gleichzeitig sterben die unteren Pflanzenteile ab und vertorfen unter Sauerstoffabschluss. Pro Jahr wächst die Torfschicht nur um etwa 1 mm. Für eine Schicht von 1 m muss ein Hochmoor 1000 Jahre ungestört wachsen können. Abgebaut und zu Brennstoff oder Gartenerde verarbeitet ist es dagegen in kurzer Zeit.

Neben den Torfmoosen sind Heidekrautgewächse, z. B. Besen- oder Glockenheide, typische Pflanzen der Regenmoore. Aber auch Wollgräser, Seggen und Binsen gedeihen hier, genau wie fleischfressende Pflanzen wie der Sonnentau. Sie fangen Insekten und andere kleine Tiere, verdauen diese und ergänzen so ihren Mineralstoffbedarf, vor allem den von Stickstoff.

Hochmoore sind durch Mineralsalzeinträge und Torfabbau stark gefährdet. Lebende, noch wachsende Hochmoore sind inzwischen sehr selten geworden.

Niedermoore sind nährstoffreicher. Sie sind stark vom Grundwasser beeinflusst und werden dadurch mit entsprechenden Mineralien versorgt. Sie bilden sich z. B. in feuchten Senken, verlandenden Seen, Flussniederungen oder an Hängen im Bereich von Quellen. Auch sie bilden eine Torfschicht, die aber nur eine geringe Höhe erreicht und direkt auf dem mehr oder weniger wasserundurchlässigen Boden aufliegt. Aufgrund des höheren Nährstoffgehalts ist die Pflanzen- und Tierwelt in Niedermooren sehr viel artenreicher als in Hochmooren.

Übergangsmoore oder Zwischenmoore werden sowohl von Grundwasser als auch von Regenwasser gespeist. Wenn es genügend Niederschläge gibt, kann sich aus einem Niedermoor im Laufe der Zeit ein Hochmoor entwickeln. Die Vegetation und die Tierwelt stellen einen Mix aus typischen Pflanzen und Tieren aus Hoch- und Niedermoor dar.

re Kettenfahrzeuge hatten die Heideflächen in fast vegetationslose Sandwüsten verwandelt. Nach dem Abzug der Truppen wurde das Gebiet aufwendig rekultiviert und wieder zu einer Heidelandschaft gemacht, in der die Narben der früheren Nutzung so gut wie nicht mehr zu erkennen sind. Das Gebiet kann auf einem gut ausgebauten Wegenetz, das kreuz und quer durch die Heide führt, zu Fuß oder mit dem Rad erkundet werden. Bei Wanderern sehr beliebt ist der **Spitzbubenweg**, ein alter Pfad von Salzschmugglern. Er führt bis nach Niederhaverbeck und ist eine Etappe des Heidschnuckenwegs.

Für viele ist auch der idyllische, nach einem britischen Offizier benannte **Sylvestersee** (manchmal auch Silvestersee geschrieben) ein lohnendes Ziel. Er ist etwa 2,5 km vom Stadtrand entfernt und bietet schöne Rastmöglichkeiten am Ufer. Der See entstand durch Verdichtung des Untergrundes durch das Befahren mit Panzern und anderem schweren Militärfahrzeugen. Er wird nur von Regenwasser gespeist und soll bisher noch nie ausgetrocknet sein.

Im Südosten an das Stadtgebiet angrenzend liegt das **Pietzmoor**. Es ist mit einer Fläche von 2,5 km² eines der bedeutendsten Hochmoore Deutschlands. Die Dicke der Torfschicht beträgt bis zu 7,50 m, woraus man schließen kann, dass das Moor knapp 8000 Jahre alt ist. Das Pietzmoor wurde über lange Zeit bewirtschaftet, liegt heute aber im Naturschutzgebiet Lüneburger Heide und ist damit streng geschützt. Die Flächen wurden erfolgreich renaturiert, sodass sie wieder ein lebendes Moor geworden sind, das weiterwachsen kann.

Wer das Hochmoor erkunden möchte, kann das auf einem wunderbaren Wanderweg tun, der **Heideschleife Pietzmoor.** Auf dem gut 6 km langen Rundweg geht man, z. T. auf Holzstegen, mitten durch das Moor. Je nach Jahreszeit wird man unterschiedliche Pflanzen und Tiere entdecken, die für diesen Standort typisch sind, und mit etwas Glück und Geduld auch blaue Moorfrösche, Kreuzottern, Birkhühner, Sumpfohreulen oder sogar Kraniche sehen.

20 Camp Reinsehlen ★★ [C4]

Nördlich der Osterheide, zwischen der Bundesstraße 3 und der L171, befindet sich das Camp Reinsehlen. Der **ehemalige Wehrmachtflughafen,** der nach dem Zweiten Weltkrieg viele Jahre Trainingsgelände der britischen Streitkräfte war, gehört heute größtenteils der Stadt Schneverdingen. Auch wenn die Fläche außerhalb des Naturschutzgebiets liegt, ist sie dennoch ein wertvolles **Biotop** und gilt als größte **Magerrasenfläche** des Norddeutschen Tieflands. Aufgrund des nährstoffarmen Bodens

038ml-hpe

Auf Holzstegen wandert man trockenen Fußes durch das Pietzmoor

hat sich hier eine besondere Pflanzengesellschaft gebildet, die typisch für extensiv genutztes Grünland an nährstoffarmen Standorten ist. Charakteristische Arten sind zum Beispiel Heide- und Grasnelke oder Berg-Sandglöckchen. Am schönsten blüht die Fläche im Juni und Juli.

Aber auch zahlreichen **Tierarten** bietet der Magerrasen einen geeigneten Lebensraum. Besonders Bodenbrüter wie Feld- und Heidelerche, Rebhuhn und andere finden hier ihr Auskommen. Um sie zu schützen, ist das Betreten der Rasenflächen vom 1.4. bis zum 31.8. verboten und Hunde müssen an der Leine geführt werden.

21 Möhrer Moor ★★ [C4]

Das Möhrer Moor liegt wenige Kilometer südwestlich von Schneverdingen auf halbem Weg zum Ortsteil Heber. Als **Übergangsmoor** (s. S. 55) ist es ein besonderer Moor-Typ, in dem sowohl hochmoortypische Pflanzen zu finden sind, als auch solche, die Niedermoore bevorzugen. Besonders schön ist es hier im Juli, wenn die Moorlilie ihre gelben Blüten geöffnet hat und in schönem Kontrast zur Heide steht. Auch nach der Blüte ist die Pflanze, die nur ein kleines Verbreitungsgebiet hat und in Deutschland besonders geschützt ist, durch ihre roten Fruchtstände sehr attraktiv.

Den besten Zugang ins Moor hat man vom Hof Möhr, von dem ein kurzer Weg, der sog. **Uhlenstieg**, entlang alter Rotbuchen, Eichen und Hainbuchen bis zum Moor führt. Dort kann man trockenen Fußes auf einem Holzsteg durch das Übergangsmoor wandern. Der **Hof Möhr**, der bis 1977 bewirtschaftet wurde, ist einer der ältesten Bauernhöfe in der Lüneburger Heide. Heute ist er Hauptsitz und vor allem Verwaltungsstandort der **Alfred Töpfer Akademie für Naturschutz.** 2022 wurde ein neues, modernes Seminargebäude eingeweiht, in dem die einwöchigen Seminare für die Teilnehmer am Freiwilligen Ökologischen Jahr stattfinden. Weitere Seminare und Tagungen finden in der Außenstelle im Camp Reinsehlen 20 statt.

Hof Möhr mit dem Bauerngarten

Zu sehen gibt es auf dem Hof unter uralten Eichen eine **Ausstellung zum Naturschutz** in der Lüneburger Heide und zu den Aufgaben und Tätigkeiten der Akademie. Besonderes Interesse erweckt der **Bauerngarten,** in dem die Pflanzen komplett pestizidfrei und ohne künstlichen Dünger wachsen. Auf mehreren Infotafeln erfährt man interessante Details zum naturnahen Gärtnern, die man auch im eigenen Garten oder auf dem Balkon umsetzen kann. Und sogar zum Dauerthema „Giersch" und „Schnecken" gibt es hilfreiche Tipps, wie man auch ohne Chemie der „Plage" Herr werden kann.

Direkt im Anschluss an den Bauerngarten befindet sich eine **Streuobstwiese** mit ca. 20 alten Apfelsorten, die die meisten heute nicht mal mehr vom Namen her kennen. An jedem Baum hängen Schilder mit einer Kurzbeschreibung der Sorte. Besonders lohnend ist ein Besuch im Herbst, wenn man die reifen Früchte probieren kann.

KURZ & KNAPP

Alfred Töpfer Akademie für Naturschutz

Die Naturschutzorganisation wurde 1981 als Norddeutsche Naturschutzakademie (NNA) gegründet. Sie ist eine Einrichtung des Landes Niedersachsen und gehört zum Geschäftsbereich des Umweltministeriums. Ihre Aufgabenbereiche sind Bildung, Forschung und Öffentlichkeitsarbeit im Naturschutz sowie die Organisation des Freiwilligen Ökologischen Jahres in Niedersachsen.

1995 wurde die Naturschutzakademie zu Ehren von **Alfred Töpfer,** dem Gründer der Einrichtung, in Alfred Töpfer Akademie für Naturschutz umbenannt. Töpfer (1894–1993) war ein Hamburger Unternehmer, der als einer der Pioniere des Landschafts- und Naturschutzes gilt.

•**70 Hof Möhr,** 29640 Schneverdingen, Tel. 05199 98910, www.nna.niedersachsen.de, Mitte Apr.–Mitte Okt. Mo–Do 9–16, Fr 9–14 Uhr, Sa, So und Feiertage 10–16 Uhr, Eintritt frei

Weitere Aktivitäten

Für alle, die gerne ins nasse Element eintauchen wollen, ist **Heidjers Quellenbad** zu empfehlen. Das Naturfreibad mit Liegewiese, Strandbereich, Wasserrutsche und -seilbahn ist ideal für Familien. Die Kleinen vergnügen sich besonders gern in der Kindermatschzone.

Die Schneverdingen Touristik bietet ein breites Programm an **Kutschfahrten** in die Umgebung an. Programm, Termine und Preise finden sich unter https://heidenlust.de/kutschfahrten#termine.

Wer einen **„Tag mit dem Schäfer"** verbringen oder eine **„kleine Schnuckenauszeit"** machen möchte, kann einen Tag lang oder für zwei Stunden den Schäfer der Höpen Schäferei und seine Schnuckenherde begleiten (s. S. 54).

Am südlichen Rand vom Camp Reinsehlen (20) können alle, die keine Höhenangst haben, ihren Mut im **Kletterpark** der **HöhenwegArena** beweisen. Nach eigenen Angaben ist die Anlage mit 19 Masten, sechs Stockwerken und einer Höhe von bis zu 30 m die größte ihrer Art in Europa.

S71 Heidjers Quellenbad, Inseler Str. 97, 29640 Schneverdingen, Tel. 05193 5174328, https://heidjers-wohl.de, je nach Wetterlage Mai–September tgl. 14–20 Uhr, in den niedersächsischen Sommerferien 11–20 Uhr, Erw. 3,50 €, Kinder 2 €

S72 Kletterpark HöhenwegArena, Camp Reinsehlen 20, 29640 Schneverdingen,

Tel. 05198 987373, https://hoehenweg.de, Öffnungszeiten s. Website, 3 Stunden Erw. 25 €, 11–17 Jahre 19 €, bis 10 Jahre 15 €, Tageskarten 38/32/25 €

Infos und Reisetipps

73 **Schneverdingen Touristik,** Rathauspassage 18, 29640 Schneverdingen, Tel. 05193 93810, https://heidenlust.de, Mai–Oktober Mo–Fr 9–18, Sa 10–13 Uhr, November–April Mo–Fr 9–17 Uhr

› Einen **Veranstaltungskalender** gibt es online unter https://heidenlust.de/veranstaltungskalender#/veranstaltungen.

› **Anfahrt:** Schneverdingen hat Bahnverbindungen sowohl nach Hamburg als auch nach Hannover. Darüber hinaus kann man die Stadt auch von Bremen mit der Bahn erreichen. Der Heide-Shuttle bedient den Ort mit den Ringen 1 und 4 (s. S. 20). Mit dem Pkw erreicht man Schneverdingen über die Autobahnen A1 und A7.

Essen und Trinken

74 **Hotel Hof Tütsberg** €€€, Hof Tütsberg, 29640 Schneverdingen-Heber, Tel. 05199 900, https://tuetsberg.de, tgl. von 12–21 Uhr, November–März Mo, Di geschlossen. Mehr als 500 Jahre Geschichte weist der Hof Tütsberg auf. Die Entwicklung ging von einem kleinen Heidebauernhof bis zum heutigen, großen Landschaftspflegehof mit ökologischem Landbau, Restaurant und Hotel. Das gesamte Gelände und alle Gebäude gehören heute der Stiftung Naturschutzpark Lüneburger Heide des Vereins Naturschutzpark. Das Restaurant ist ein beliebtes Ausflugsziel, was nicht nur an der wunderschönen Lage liegt, sondern auch an den vorzüglichen Speisen, darunter typische Heidjer-Gerichte. Zubereitet wird alles mit überwiegend regionalen Zutaten.

040ml-hpe

Einkaufen

75 **Hofladen Familie Wesseloh,** Dannenbusch 8, 29640 Schneverdingen-Insel, Tel. 05193 4633, https://anjas-marmeladeninsel.de, Mo–Fr 7–20, Sa, So ab 7.30–20 Uhr. Der Hof bietet eine große Auswahl an Produkten aus eigenem Anbau, hausgemachte Wurstwaren und fertige Gerichte sowie Liköre und Säfte.

76 **Wochenmarkt Schneverdingen,** Schulstr. 3, am Rathaus, 2964 Schneverdingen, Do 8–13 Uhr

Das Hotel Hof Tütsberg ist mit seinem Restaurant ein beliebtes Ausflugsziel

041ml-hpe

㉒ Bispingen ★★ [D5]

Bispingen ist der größte Ort in der gleichnamigen Gemeinde, zu der u. a. auch die Ortsteile Behringen ⑱, Haverbeck ⑰ und Wilsede ⑯ gehören. Die **Gemeinde Bispingen** liegt im Nordosten des Heidekreises, einem Landkreis, der sich fast vollständig in der Lüneburger Heide befindet. Der Kernort selbst hat etwa 2500 Einwohner, die ganze Gemeinde bringt es auf 6500.

Die Region um Bispingen ist schon seit vielen Tausend Jahren besiedelt, wovon Urnenfelder, Hügelgräber und andere **prähistorische Funde** zeugen. Die älteste urkundliche Erwähnung stammt aus dem Jahr 1193. Sie bezeugt den Verkauf des Dorfs an den Bischof von Verden und liefert auch eine Erklärung für den Dorfnamen, der sich aus „Biscopinge" ableitet, was so viel wie „dem Bischof gehörig" bedeutet.

Die neugotische St.-Antonius-Kirche in Bispingen

Bis in das letzte Jahrhundert hinein war Bispingen ein kleines, typisches Heidedorf. An diese Vergangenheit erinnert die **Bronzefigur eines Schäfers** mit Heidschnucken in der Ortsmitte. In der Hützeler Straße ist der **Markstein 10. Längengrad** zu sehen. Durch Bispingen verläuft nämlich der 10. Meridian östlicher Länge, worauf hier mit einem Granitfindling aus der Eiszeit und einer schmucken Bronzeplatte hingewiesen wird.

Besonders sehenswert ist die **Ole Kerk** (Alte Kirche), eine aus Feldsteinen erbaute kleine Kirche. Das 1353 errichtete Gotteshaus ist das älteste in Bispingen erhaltene Bauwerk. Es wird heute für Andachten, Trauungen und Konzerte genutzt. Tagsüber ist sie in der Regel frei zugänglich und lädt zu einer Verschnaufpause in der Stille ein.

Als die Ole Kerk für die Gemeinde zu klein wurde, errichtete man nahebei die **St. Antoniuskirche.** Das im neugotischen Stil erbaute Gotteshaus wurde 1908 fertiggestellt. Es enthält einiges Inventar aus der Alten Kirche, so z. B. eine Bronzetaufe aus dem Jahr 1406 und die Kanzel von 1648.

Gegenüber der St.-Antonius-Kirche steht der **Spökenkieker** (Spuk-Gucker oder Geister-Seher). In dem erst 2020 eröffneten Gebäude ist eine interessante Dauerausstellung über einige Menschen zu sehen, die in Bispingen lebten oder als Gäste kamen und die Region geprägt haben. Darüber hinaus gibt es in dem Ausstellungs- und Informationshaus wechselnde kulturelle Veranstaltungen.

Seit über 100 Jahren wird jährlich am dritten Wochenende im Juli das traditionelle **Bispinger Heide-Schützenfest** gefeiert. Mit Kinderschützenfest, Königsschießen, Preisschießen, Platzkonzert, Zeltdisco und Katerfrühstück wird eine Menge geboten.

Für alle, die noch mehr Action wollen, gibt es im Gewerbegebiet direkt an der Autobahnabfahrt Bispingen zahlreiche Möglichkeiten: Der **Adventure District** bietet auf 1400 m² u. a. eine moderne 3D-Adventure-Schwarzlicht-Minigolfanlage, 3D-TrickArt-Fotokunst und ein spektakuläres 3D-Labyrinth. Die 3D-Effekte, die kunstvollen Wand- und Bodenbemalungen und die in Schwarzlicht getauchten Erlebniswelten ziehen Jung und Alt gleichermaßen in ihren Bann.

Im **Verrückten Haus** stehen das Haus und sämtliche Einrichtungen auf dem Kopf. Bei einem Rundgang erlebt man ganz ohne akrobatisches Können die Welt aus einer völlig neuen, ungewöhnlichen Perspektive.

Das **Abenteuerland** bietet einen modernen Trampolinpark, eine Boulderwand und einen Hochseilgarten. Für die ganz Kleinen gibt es das Kindertobeland.

Im **Abenteuerlabyrinth** muss man nicht nur den richtigen Weg aus dem 2800 m² großen Irrgarten herausfinden, sondern auch Rätselaufgaben zur Lüneburger Heide lösen. An 18 Abenteuerstationen kann man Hangeln, Balancieren und Klettern.

Motorsportbegeisterte können im **Ralf Schumacher Kartcenter** in bis zu 70 km/h schnellen Karts über eine 600 m lange Indoorstrecke und eine 1000 m lange Outdoorpiste rasen. Für Kinder unter 12 Jahren gibt es spezielle Fahrzeuge mit gedrosselter Leistung. Einen Boxenstopp kann man im Restaurant einlegen und wer dann noch mehr Action braucht, geht weiter ins Bowlingcenter.

Skilaufen in der Heide? Im **Snow Dome** im **Berg und Tal Abenteuer-Resort** geht auch das. Mit Ski, Snowboard oder Schlitten geht es in der 23.000 m² großen Skihalle vom Heidegletscher hinab. Weitere Highlights sind die **Modellbauwelten** und die **Oldtimerausstellung:** Auf 12.000 m² ist eine faszinierende Modellbauwelt entstanden, durch die Züge im Maßstab 1 : 22 rattern. Wer es gern in Originalgröße hätte, findet in der Oldtimerausstellung viele schicke Automobile aus längst vergangenen Tagen. Verpflegung gibt es zünftig im

042ml-hpe

⌃ *Im Verrückten Haus haben Jung und Alt ihren Spaß*

043ml-hpe

⟩ *Am Eingang zum Berg und Tal Abenteuer-Resort fühlt man sich nach Bayern versetzt*

Hofbräuhaus oder im Biergarten und Übernachten kann man im Hotel oder im Blockhüttendorf.

Bei **Battle Kart** fährt man in realen Elektrokarts durch virtuelle Welten, die durch eine Vielzahl von Beamern auf den Hallenboden projiziert werden. Angeboten werden sechs verschiedene Szenarien.

★77 **Abenteuerlabyrinth Lüneburger Heide**, Gaußscher Bogen 4, 29646 Bispingen, Tel. 05194 1691913, https://abenteuerlabyrinth.de, Juli, August tgl. 10–18 Uhr, in der übrigen Zeit etwas kürzere Öffnungszeiten (s. Website), im Februar geschlossen, Erw. 9,50 €, Kinder 7 €

★78 **Abenteuerland Lüneburger Heide**, Gaußscher Bogen 2, 29646 Bispingen, Tel. 05194 878440, https://abenteuerland.de, Mo–Do 10–19, Fr, Sa 10–20, So 9.30–19 Uhr, ab 15 €

★79 **Adventure District**, Gaußscher Bogen 5, 29646 Bispingen, Tel. 05194 8784214, https://adventure-district.de, Öffnungszeiten und Preise variieren (s. Website)

★80 **Battle Kart**, Gaußscher Bogen 8, 29646 Bispingen, Tel. 05194 987950, https://bispingen.battlekart.com, Mo–Do 11–20, Fr 11–21, Sa 10–21, So 10–20 Uhr, Erw. 19,50 € (ein Spiel), Kinder (bis 15 Jahre) 15,60 € (ein Spiel), frühzeitige Onlinebuchung dringend empfohlen

★81 **Berg & Tal Abenteuer-Resort**, Horstfeldweg 9, 29646 Bispingen, Tel. 05194 43110, https://abenteuer-resort.de, Skihalle Mo–Fr 12–20, Sa, So 9–20 Uhr, Tagesticket (ohne Equipment) Erw. ab 39,90 €, Kinder (6–12 Jahre) ab 24,90 €, Modellbauwelten und Oldtimerausstellung Di–Fr 11–18, Sa, So 10–18 Uhr, Erw. 10 €, Kinder (4–12 Jahre) 7,50 €, Eintritt gilt für beide zusammen

★82 **Das Verrückte Haus**, Horstfeldweg 1, 29646 Bispingen, Tel. 0160 92192676, https://dasverruecktehaus-bispingen.de, tgl. 10–18, Juli, August bis 18.30, November–Februar 11–17 Uhr, Erw. 6,50 €, Kinder 5 €

S83 **Ralf Schumacher Kartcenter**, Horstfeldweg 5, 29646 Bispingen, Tel. 05194 982050, https://rs-kartcenter.de, Fahrten müssen im Voraus online gebucht werden, Einzelfahrt (15 Min.) Erw. (ab 12 Jahren und 155 cm Größe) 22,50 €, Kinder (ab 8 Jahren und 135 cm Größe) 15 €

M84 **Spökenkieker**, Töpinger Str. 2, 29646 Bispingen, Mai–Oktober 9–19 Uhr, ansonsten 10–16 Uhr, Eintritt frei

23 Volkwardingen ★★ [D4]

In unmittelbarer Nähe des Naturschutzgebiets Lüneburger Heide und etwas mehr als 5 km nördlich des Kernorts liegt der Bispinger Ortsteil Volkwardingen. Im sympathischen Dorf kann man einen **Treppenspeicher** sehen, der auf das Jahr 1600 zurückgeht. Er ist einer der ältesten Speicher in der Region. Die Warenlager mit ihrer Holztreppe (daher der Name) auf der Giebelseite waren für die Region charakteristisch. Sie standen immer etwas abseits des Gehöfts, damit im Falle eines Hofbrands wenigstens die kostbaren Waren vom Feuer verschont wurden.

Wer sich für **prähistorische Hügelgräber** interessiert, kann im Dorfwald fündig werden, wo sich zahlreiche Gräber aus der Bronzezeit befinden.

Wanderer haben im nur 400 m nördlich gelegenen Naturschutzgebiet ausreichend Möglichkeiten, um ihrem Hobby nachzugehen. Ein besonders schöner, gut 5 km langer Weg führt über den Totengrund nach Wilsede.

Der Montagnetto, ein kleines Schloss im italienischen Stil, ist eines der Highlights des Heidekastells Iserhatsche

24 Heidekastell Iserhatsche ★★ [D5]

Das Heidekastell, auch Neuschwanstein des Nordens genannt, ist ein Landschaftspark, Museum und Kuriositätenkabinett in einem. Auf 23 ha gibt einiges zu sehen: Markantestes Bauwerk ist der **Montagnetto**, ein kleines, verspieltes Schloss im italienischen Stil, das in ein terrassiertes Seenareal eingebettet ist. Im Innern beherbergt er verschiedene Räume wie die Sala del Monte, einen prächtigen Festsaal für bis zu 80 Personen oder den Newgrange-Rundraum, ein außergewöhnliches Standesamt mit aufwendig handgeschnitzten Möbeln. Man kann verschiedene Sammlungen bewundern, so z. B. 250.000 Streichholzschachteln, 12.000 Flaschenöffner und 24.000 noch original abgefüllte Bierflaschen aus 192 Ländern – die größte Bierflaschensammlung der Welt. Insgesamt stehen dem interessierten Besucher ca. 150 verschiedene ungewöhnliche Sammlungen zur Verfügung.

Besichtigen kann man auch eine vom Anfang des 20 Jh. stammende **Jagdvilla.** Die Holzvilla birgt im Innern prachtvolle Räumlichkeiten. Ein **Barockgarten**, ein **Landschaftspark** und der **Preußenpavillon** vervollständigen das Ensemble.

› Nöllestr. 40, 29646 Bispingen, Tel. 05194 1206, www.iserhatsche.de, tgl. 10–16 Uhr, Erw. 12 €, Kinder (7–12 Jahre) 8 €. Besichtigungen sind nur im Rahmen einer Führung möglich (Dauer etwa 2 Std.), die in der Regel zu jeder vollen und halben Stunde stattfinden (letzte Führung 14 Uhr), Hunde sind nicht erlaubt.

25 Greifvogel-Gehege Bispingen ★★★ [D4]

Wer Greifvögel aus allernächster Nähe sehen, sie streicheln möchte oder sich sogar traut, eines der mächtigen Tiere auf den Arm zu nehmen, ist hier genau richtig.

Einige Kilometer östlich von Bispingen befindet sich an der Bundesstraße 209 inmitten eines großen Waldgebiets das Greifvogel-Gehege Bispingen. Etwa 200 tagaktive Greife und Eulen bewohnen die großen Volieren des Geländes. Die sympathische Falknerin Frigga Steinmann-Laage führt mit großer Sachkenntnis und viel Herzblut durch ihre Anlage und vermittelt interessante Fakten über die faszinierenden Vögel. Vor den Führungen werden die Vögel aus ihren Volieren geholt. Sie hocken

044ml-hki

dann nur mit einer Leine gesichert auf Baumstämmen oder einfach auf der Erde. Während der Führung kann man so in direkten Kontakt mit Seeadler, Uhu und Co. kommen und die Tiere hautnah erleben. Spätestens wenn sich die gefiederten Akteure in die Luft erheben und ihre Flugkunststücke zeigen, sind alle – ob jung oder alt – vollauf begeistert.

› An der Bundesstr. 209, 29646 Bispingen, Tel. 05194 7888, www.greifvogel-gehege.de, Führungen (Dauer etwa 90 Min.) Mai–Oktober Mi, Sa, So und feiertags jeweils um 15 Uhr, Erw. 15 €, Kinder 10 €, Fotografier-Erlaubnis 5 €

Weitere Aktivitäten

Für Eisenbahnfans bietet sich eine Zugfahrt mit dem **historischen Bispinger Heide-Express** an. Der Oldtimerzug pendelt im Sommer jeden Mittwoch von Soltau über Bispingen nach Lüneburg (Infos und Buchung über Bispingen Touristik, s. rechts).

Etwa 1,5 km südlich vom Zentrum Bispingens wartet der wirklich herausragende **Abenteuerspielplatz Luhegrund** auf junge Entdecker, auf dem Kinder jeden Alters in der Natur toben, spielen und klettern können. Für die Erwachsenen gibt es eine Grillhütte (Anmeldung erforderlich), die für wenig Geld genutzt werden kann. Infos und Anmeldung für die Grillhütte unter https://abenteuerspielplatz-bispingen.de.

Von Bispingen aus kann man eine ganze Reihe schöner **Wanderungen** und **Radtouren** unternehmen. Streckenvorschläge mit herunterladbaren GPX-Dateien gibt es unter https://bispingen.de/aktiv-wohlfuehlen.

Bispingen ist auch Etappenziel des **Heidschnuckenwegs,** der von Behringen kommt und bis Soltau weiterführt. Auf dem Weg nach Soltau ist der erste Teil bis zu den drei Quellteichen der Luhe (etwa 10 km hin und zurück) besonders schön. Am oberen Quellteich kann man auf einer Bank mit Blick auf das Gewässer eine Pause einlegen.

Badespaß gibt es im Hallen- und Freibad **Luhetalbad.**

S85 Luhetalbad Bispingen, Trift 19, 29646 Bispingen, Tel. 05194 974239, www.ihr-stadtwerk.de/de/Menue/Baeder/Luhetalbad, Öffnungszeiten und Preise s. Website

Infos und Reisetipps

i86 Bispingen Touristik, Bahnhofstraße 19, 29646 Bispingen, Tel. 05194 9879690, https://bispingen.de, Mai, Juni, Oktober Mo–Fr 9–17, Sa 10–12 Uhr, Juli–September Mo–Fr 9–18, Sa 10–13 Uhr, November–April Mo, Di, Do, Fr 14–16 Uhr

› **Anfahrt:** Bispingen liegt an der Bahnstrecke Lüneburg – Soltau, auf der zurzeit jedoch kein Personenverkehr stattfindet. Es gibt aber Überlegungen, die Strecke wieder für den Personenverkehr zu reaktivieren. Die nächsten Bahnhöfe mit Personenverkehr befinden sich in Schneverdingen, Wintermoor und Soltau an der Bahnstrecke Hannover – Buchholz (Nordheide). Von ihnen kommt man mit den Buslinien 150 und 156 nach Bispingen. Der Heide-Shuttle bedient den Ort mit den Ringen 1 und 4 (s. S. 20). Mit dem Pkw ist Bispingen schnell über die A7, Abfahrt Bispingen, zu erreichen.

› Mit der kostenlosen **ErlebnisCard Lüneburger Heide** bekommt man in vielen Einrichtungen Ermäßigungen auf den Eintrittspreis. Man bekommt die Karte in vielen Unterkünften im Heidekreis. Infos unter https://erlebniscard-lueneburger-heide.de.

Die Heidekönigin von Amelinghausen beim Festzug

045ml-hpe

Essen und Trinken

87 Café Schmucke Witwe, Hauptstr. 14, 29646 Bispingen, Tel. 05194 982640, https://schmucke-witwe.de. Das Café des gleichnamigen Hotels bietet leckere, selbstgemachte Kuchen und Torten, darunter regionale Klassiker. Beliebt sind auch die frisch gebackenen Waffeln mit heißen Kirschen.

88 De ole Döns €€, Hauptstr. 12, 29646 Bispingen, Tel. 05194 1219, www.ole-doens.de. Das Restaurant im Zentrum Bispingens bietet bodenständige regionale Küche (z. B. Lammsteaks oder -filets) und einige internationale Spezialitäten. Mittags gibt es einen täglich wechselnden preiswerten Mittagstisch. Bei gutem Wetter wird auch im Biergarten serviert.

Einkaufen

89 Porzellanmanufaktur Calluna, Alte Landesstr. 2, 29646 Bispingen, Tel. 05194 2007, https://porzellanmanufaktur-calluna.de, April–Oktober tgl. 10–16, sonst Di–Fr 10–14 Uhr. In der Manufaktur werden Kaffee-, Tee- und Tafelservice, Becher, Vasen und Leuchter sowie hochwertiges Zierporzellan hergestellt. In den Werksverkaufsräumen am Hauptsitz im Ortsteil Hörpel kann man den Mitarbeitern bei ihrer Arbeit über die Schulter schauen, sich in den Betriebsräumen umsehen und natürlich auch Porzellan kaufen.

26 Amelinghausen ★★ [E4]

Die Samtgemeinde Amelinghausen liegt mit 21 ländlichen Dörfern zwischen Bispingen und Lüneburg im Naturpark Lüneburger Heide. Sie ist vor allem durch das Mitte August stattfindende **Heideblütenfest** (https://heidebluetenfest.com) bekannt, das sich mit seinem mehrtägigen Festprogramm zu einem der größten Volksfeste der Region entwickelt hat. Höhepunkte sind die Eröffnungsveranstaltung **Der See brennt** am Lopausee mit einem beeindruckenden Höhenfeuerwerk und natürlich die Wahl der **Heidekönigin** sowie der anschließende Festumzug mit rund 50 aufwendig geschmückten Motivwagen, Aktions- und Musikgruppen. Übrigens gibt es auch ein männliches Pendant zur Heidekönigin. Der ebenfalls vom Volk gewählte Herr wird aber nicht Heidekönig genannt, sondern bekommt lediglich den Titel **Heidebock.**

Sehenswert ist die klassizistische **Hippolit-Kirche.** Sie ist noch relativ jung, die Gemeinde wurde aber schon vor etwa 1000 Jahren gegründet. Die heutige Kirche, die 1818 bis 1820 erbaut wurde, ist das vierte Gotteshaus an dieser Stelle. Der direkte Vorgänger, ein mittelalterlicher Feldsteinbau, brannte 1818 aus. Nur die Nordwand blieb erhalten und wurde in den Neubau einbezogen. Der gotische, ca. 40 m hohe Turm wurde erst 1895 angefügt, da die Gemeinde zunächst kein Geld hatte.

Östlich des Ortszentrums wurde die knapp 14 km lange Lopau, die bei Munster entspringt, zum **Lopausee** aufgestaut. Der See und der westlich liegende Park haben sich zu einem schönen Naherholungsgebiet entwickelt. Durch den Park und um den See führen Spazierwege und im Gewässer kann gebadet werden. Darüber hinaus stehen Tretboote zur Verfügung.

046ml-hpe

Etwa 1 km nördlich von Amelinghausen liegt im Tal der Luhe mitten in der Heide die **Oldendorfer Totenstatt,** eine Gruppe von sechs Steingräbern. Darunter drei über 50 m lange Großsteingräber, sog. Hünenbetten, die über 5000 Jahre alt sind. Die drei Grabhügel sind jüngeren Datums, sie stammen aus der späteren Jungsteinzeit und der Bronzezeit. Darüber hinaus gibt es noch mehrere Urnenfelder, die auf die vorrömische Eisenzeit und die Zeit der Völkerwanderungen datiert werden.

Hier wurde aber nicht nur an die Toten gedacht, sondern auch an die Lebenden, für die ein wunderbarer Ruhe- und Rastplatz eingerichtet wurde. Bei Regen kann man sich sogar in einer Schutzhütte unterstellen. Die Totenstatt ist von Amelinghausen auf einem kurzen, schönen Wanderweg erreichbar.

Wer mehr über die Bestattungsrituale in der Frühzeit wissen und die Grabfunde aus der Totenstatt sehen möchte, sollte einen Blick in das **Archäologische Museum** in **Oldendorf** werfen, das sich nicht weit von den Großsteingräbern entfernt befindet. Dort gibt es Antworten auf die Fragen, wie die Menschen damals gelebt haben, warum sie solch gewaltige Gräber angelegt haben und wie sie die tonnenschweren Findlinge bewegen konnten.

Etwa 10 km östlich vom Kernort befindet sich im Ortsteil Betzendorf auf einer kleinen Anhöhe unter alten Eichen noch eine sehenswerte Kirche. Die denkmalgeschützte Kirche **St. Peter und Paul** hat einen runden romanischen Feldsteinturm, der möglicherweise schon um 800 als Wehrturm errichtet wurde und zu den wenigen seiner Art in der weiteren Umgebung zählt. Die genaue Entstehungszeit liegt allerdings im Dunkeln. Das Innere der Kirche birgt u. a. einen wertvollen Altar, der in der Mitte des 15. Jh. gefertigt wurde, ein Kruzifix aus dem 14. Jh. und einen besonders sehenswerten Taufkessel aus Bronze aus demselben Jahrhundert.

90 Archäologisches Museum Oldendorf, Amelinghausener Str. 16b, 21385 Oldendorf/Luhe, www.museum-oldendorf.de, Sa, So 13–16 Uhr, Erw. 4 €, 10–17 Jahre 3 €, bis 9 Jahre Eintritt frei

91 Hippolit-Kirche, Vogteiweg 1, 21385 Amelinghausen, Tel. 04132 227, https://hippolit-amelinghausen.wir-e.de.de, Frühjahr–Herbst Mo–Fr 9–18 Uhr

92 St. Peter und Paul, Hinter der Kirche 1, 21386 Betzendorf, https://kirche-betzendorf.wir-e.de/orte, Frühjahr–Herbst täglich tagsüber geöffnet

Weitere Aktivitäten

Wie überall in der Heide kann man auch in Amelinghausen auf kürzeren oder längeren Routen wunderbar wandern. Zu den schönsten Wanderwegen gehört der 11 km lange **Königinnen-Weg** durch die Heide rund um Amelinghausen und der etwas nördlich gelegene, 14 km lange **Sagenhafte Hünenweg,** der u. a. die Oldendorfer Totenstatt passiert. Beides sind Rundwanderwege.

Die Hippolit-Kirche von Amelinghausen steht im Zentrum des Orts

Unter dem Namen **Lama-Trekking** bietet der Natur- und Landschaftsführer Dietmar Preissler ganz besondere Wanderungen an. Mit Lamas als Wegbegleiter und Lasttiere kann man auf den zwei- und vierstündigen Touren die Heide ganz neu erleben.

Für Radler bietet sich die 21 km lange **Schafstallrunde** an, die von Amelinghausen über Rehlingen, Tellmer und Betzendorf wieder zurück nach Amelinghausen führt.

Wem es zu heiß wird, der kann sich im **Waldfreibad** mit großer Liege- und Spielwiese abkühlen oder im **Lopausee** schwimmen oder dort Tretboot fahren.

93 Lama-Trekking, Gärtnerweg 8, 21385 Amelinghausen, Tel. 0160 94986282, https://heide-lama-trekking.jimdo.com, Preise s. Website

94 Waldbad Amelinghausen, Zum Lopautal 30, 21385 Amelinghausen, Tel. 04132 930088, https://amelinghausen.de, Öffnungszeiten und Preise s. Website

Infos und Reisetipps

95 Tourist Information Samtgemeinde Amelinghausen, Marktstr. 1, 21385 Amelinghausen, Tel. 04132 920943, https://amelinghausen.de, Juli–September Mo, Di, Do 9–13 und 14–16, Mi, Fr 9–14 Uhr, Sa 10–13 Uhr, Oktober–Juni Mo–Fr 9–13 Uhr, Apri–Juni und Oktober bis 14 Uhr

› **Anfahrt:** Amelinghausens Verkehr ist ganz auf Lüneburg ausgerichtet. Beide Orte verbindet die Buslinie 5700 der KVG. Im Sommer verkehrt der historische Bispinger Heide-Express von Lüneburg über Amelinghausen-Sottorf und Bispingen nach Soltau. Die Gemeinde liegt außerdem am Ring 5 des Heide-Shuttles (s. S. 20). Mit dem Pkw fährt man von Bispingen (A7) oder Lüneburg (A39) jeweils über die Bundesstraße B209.

Essen und Trinken

96 Café im Speicher, Hof Etzen, Hofweg 1, 21385 Amelinghausen, Tel. 04132 8888, www.cafe-im-speicher.info, Mi–So 11.30–18 Uhr. Das Café in einem historischen Gebäude aus dem 17. Jh. ist vor allem wegen seiner leckeren selbstgemachten Kuchen und Torten bekannt. Auf Wunsch werden auch individuelle Torten und Kuchen nach eigenen Vorstellungen gebacken. Es gibt aber auch einen schmackhaften Mittagstisch mit regionalen Zutaten. Bei schönem Wetter sitzt man unter alten Bäumen im Hof.

Einkaufen

97 Heide-Glaskunst, Egon Schmidt, Lüneburger Str. 59, 21385 Amelinghausen, Tel. 04132 7984, https://heide-glaskunst.de, Mo–Fr 9–18, Sa 10–14 Uhr. In der Glasbläserei findet man exklusive Kunstgegenstände aus Glas, zum Beispiel Glastiere, Windlichter, Orchideenstäbe, Modeschmuck und vieles mehr. In seiner Werkstatt im Ladengeschäft kann man dem Glasbläser Egon Schmidt über die Schulter schauen und beobachten, wie die Unikate entstehen.

98 SOS Hof Bockum, Bockum 10, 21385 Rehlingen, Tel. 04132 91290, https://sos-kinderdorf.de/sos-hof-bockum/portrait/hofladen, Hofladen Mi, Fr 14–16.30 Uhr, direkt neben dem Eingang zum Hofladen können rund um die Uhr die Produkte aus der RegioBox erworben werden. Auf dem Hof leben in mehreren Wohngruppen Menschen mit Behinderung und ihre Betreuer. In der Gärtnerei wird nach BIOLAND-Richtlinien Gemüse für den Eigenbedarf und den Verkauf angebaut. In den Ställen und auf den Weiden leben ca. 40 Milchkühe. Die Milch wird in der eigenen Käserei verarbeitet, selbstverständlich auch in BIOLAND-Qualität.

Im Süden der Lüneburger Heide

Der Südteil der Lüneburger Heide beginnt auf einer Linie von Soltau über Munster nach Bad Bevensen und erstreckt sich bis nach Celle. Auch hier findet man wunderschöne Heideflächen, die aber meist kleiner sind als die im Norden. Dafür gibt es hier mehr und größere Wälder. Den Kern des Gebiets bildet der Naturpark Südheide mit den Orten Müden, Hermannsburg und Faßberg. Hier findet man die meisten und attraktivsten Heideflächen. Sehenswert sind auch die Orte an der Peripherie: im Westen Soltau mit dem Heide Park Resort, im Osten Uelzen mit seinem Hundertwasser-Bahnhof und natürlich die Residenzstadt Celle ganz im Süden, die mit dem Welfenschloss und dem in Europa einmaligen Ensemble von 500 historischen Fachwerkhäusern zahlreiche Besucher anlockt.

27 Soltau ★★★ [C5]

Soltau nur auf das Heide Park Resort und das Designer Outlet zu beschränken, die beide viele Besucher von weither anlocken, würde der Stadt an der Böhme nicht gerecht werden. Neben interessanten, ungewöhnlichen Museen und einer schönen Fußgängerzone ist vor allem das Sole-Thermalbad eine Attraktion für Jung und Alt.

Der ca. 22.000 Einwohner zählende staatlich anerkannte Kurort Soltau liegt im Elbe-Weser-Dreieck ziemlich genau in der Mitte zwischen Hamburg, Hannover und Bremen. Auch wenn der erste urkundliche Nachweis erst aus dem Jahre 937 stammt, ist der Ort sehr viel älter. Besiedelt war die Gegend schon in der Steinzeit.

047ml-hrs

Um 830 gab es eine erste Kirche. Der Name Soltau wurde 1791 erstmalig verwendet. Er setzt sich aus den beiden Silben Solt (= Salz) und Au (= Fluss) zusammen.

Weit über die Region hinaus bekannt ist Soltau vor allem wegen des **Heide Park Resorts.** Der Vergnügungspark ist mit 850.000 m² der zweitgrößte Freizeit- und Themenpark in Deutschland. Für jede Altersgruppe gibt es aufregende Attraktionen. Aushängeschild ist die Holzachterbahn Colossos, die mit 110 km/h durch den 1500 m langen Parcours flitzt und eine der schnellsten und höchsten Holzachterbahnen der Welt ist. Insgesamt gibt es um die 40 verschiedene Attraktionen aller Art, eine Reihe von Shows und natürlich auch ausreichend Verpflegungs- und Einkaufsmöglichkeiten. Wer will, kann auch im Park übernachten.

Wer es nicht ganz so rasant möchte, findet in der **Soltau Therme** eine gute Alternative. Das Sole-Thermalbad hat bis zu 36 Grad warmes Wasser und einen Solegehalt, der dem des Toten Meeres entspricht. Zusammen mit der abwechslungsreichen Saunalandschaft verspricht das Kurbad einen schönen Urlaubstag.

⌃ Das Heide Park Resort Soltau gehört zu den größten Freizeitparks in Deutschland

Aber auch die Innenstadt mit ihrer Fußgängerzone ist einen Besuch wert. Sehenswert ist zum Beispiel das farbenfroh gestrichene **Alte Rathaus** aus dem Jahr 1826, das unter Denkmalschutz steht. Das Gebäude nahe am Eingang zur Fußgängerzone ist heute Sitz des Standesamts und des Stadtarchivs. Schräg gegenüber befindet sich das **Spielmuseum.** Das barrierefreie Museum beherbergt eine der größten und vielfältigsten Spielzeugsammlungen der Welt. Hier darf man nicht nur schauen, sondern kann auch mitmachen und mit vielen Ausstellungsstücken spielen.

Im Zentrum in der Marktstraße ist in einem denkmalgeschützten Filz-Lagerhaus die gemeinnützige Kultur- und Bildungseinrichtung **felto – Filzwelt Soltau** untergebracht. Auf fünf Etagen kann man spielerisch-experimentell vieles über das älteste Textil der Welt erfahren, das seit 1851 industriell in Soltau produziert wird. Im Erdgeschoss gibt es einen Filzladen und einen Weltladen, der von Ehrenamtlichen aus Soltauer Kirchengemeinden betrieben wird.

Sehenswert ist auch die etwas westlich in der Bahnhofstraße stehende **St. Johanniskirche.** Die spätbarocke Saalkirche wurde 1755 errichtet, der 68 m hohe Turm 1850. In der Weihnachtsnacht 1906 brannte die Kirche bis auf die Außenmauern vollständig aus und wurde anschließend im neubarocken Stil wieder aufgebaut. Im Innern sind besonders das Deckengemälde und die Altarwand mit dem Mosaik und den Gemälden interessant.

Gegenüber der Kirche ist in einem alten Fachwerkbau das **Salzmuseum Soltau** untergebracht. Hier kann man sich über die Besonderheiten des Soltauer Salzes, seine Entstehung, seine Gewinnung und seine Nutzung informieren.

Jeweils am ersten Wochenende im September findet im Böhme-Park das **Soltauer Lichterfest** statt, das den Park in ein großes Lichtermeer verwandelt. Geboten werden darüber hinaus Livemusik, reichlich Essen und Trinken und ein spektakuläres Höhenfeuerwerk.

Im nördlichen Ortsteil Wolterdingen, etwa 2 km westlich vom Heide Park Resort, findet man mit der **Heilig-Geist-Kirche** ein sehenswertes Kleinod. Die Kirche soll auf eine Stiftung aus dem Jahre 1245 zurückgehen. Erstmals urkundlich erwähnt wird sie im Jahr 1396. Die einschiffige gotische Backsteinkirche zählt zu den ältesten erhaltenen Bauwerken der Region. Der Altarschrein mit den geschnitzten Figuren wurde Mitte des 15. Jh. gestaltet. Der freistehende, hölzerne Glockenturm wurde Anfang des 15. Jh. errichtet. Die älteste Glocke ist noch älter, sie wurde schon 1350 gegossen.

Östlich der Stadt, im Ortsteil Harber, befindet sich das **Designer Outlet Soltau** (s. S. 72). Das große Einkaufszentrum zieht jedes Jahr mehr als 1,3 Mio. Besucher an. Waren von mehr als 80 Designmarken werden hier zu bis zu 70 % reduzierten Preisen angeboten. Für alle, die gern einkaufen und/oder einen Regentag überbrücken müssen, ist die Shoppingmeile genau das Richtige.

M 99 Felto – Filzwelt Soltau, Marktstr. 19, 29614 Soltau, Tel. 05191 9754943, https://filzwelt-soltau.de, tgl. 10–18 Uhr, Erw. 8 €, Schüler/Studenten

048ml-hpe

4 €, Kinder unter 6 Jahren frei, Kombikarte mit Spielmuseum Erw. 11 €, Schüler/Studenten 5,50 €

★100 **Heide Park Resort**, Heide Park 1, 29614 Soltau, https://heide-park.de, Ende März–Okt. täglich 10–18 Uhr, zwischen Juni und Aug. abends auch länger, Tagesticket ab 44 €, Kinder unter 3 Jahren frei, Ermäßigung für Geburtstagskinder und Besucher mit Handicap

101 **Heilig-Geist-Kirche,** Wolterdinger Dorfstr. 2, 29641 Soltau, April–Okt. täglich 10–18 Uhr, außerhalb der Öffnungszeiten kann man sich den Schlüssel im Pfarrhaus abholen, Eintritt frei

M 102 **Salzmuseum Soltau,** Bahnhofstr. 6, 29614 Soltau, https://salzmuseum-soltau.de, Mai–Anfang Oktober Sa, So 14–17 Uhr, ab Juli auch Mi 14–17 Uhr, Erw 2,50 €, Schüler/Studenten und Kinder ab 8 Jahren 2 €, Kinder unter 8 Jahren frei

S 103 **Soltau Therme**, Mühlenweg 17, 29614 Soltau, Tel. 05191 84481, https://soltau-therme-online.de, Schwimmbad täglich 10–21 Uhr, Solebad und Saunalandschaft täglich 10–21 Uhr, Fr und Sa bis 22 Uhr, Schwimmbad Erw. 4–8,50 €, Kinder 2,80–4 €, Ermäßigung für Familien, inkl. Solebad Erw. ab 12,80 €, Kinder ab 9,60 €, Saunalandschaft inkl. Schwimmbad Erw. ab 18,40 €, Kinder ab 12,80 €, alle Bereiche Erw. ab 22,40 €, Kinder ab 16 €

M 104 **Spielmuseum Soltau,** Poststraße 7, 29614 Soltau, Tel. 05191 82182, https://spielmuseum-soltau.de, tgl. 10–18 Uhr, Erw. 5 €, Schüler/Studenten 2,50 €, Kinder unter 6 Jahren frei, Kombikarte mit Felto Erw. 11 €, Schüler/Studenten 5,50 €

In Soltaus Innenstadt lockt eine schöne Fußgängerzone

Weitere Aktivitäten

Soltau ist Etappenziel auf dem **Heidschnuckenweg,** der von Bispingen kommt und weiter nach Wietzendorf führt. Darüber hinaus führen der **Jakobsweg Lüneburger Heide** von Hamburg zum Kloster Mariensee und der **Pilgerweg Via Romea Germanica** von Stade nach Rom durch den Ort. Selbstverständlich gibt es auch zahlreiche kürzere Wandertouren.

Durch Soltau führt zudem der etwa 410 km lange **Leine-Heide-Radfernweg.** Darüber hinaus gibt es ein gut ausgebautes Radwegenetz und mehrere markierte Tagestouren, z. B. die empfehlenswerte Rundtour **„Natur pur rund um Soltau".**

Soltau ist Ausgangspunkt des **historischen Bispinger Heide-Express.** Der Oldtimerzug pendelt im Sommer jeden Mittwoch über Bispingen nach Lüneburg (Infos und Buchung über Soltau Touristik).

Von Mitte Juni bis Mitte Oktober kann man sich dienstags und freitags einer kurzweiligen **Nachtwächterführung** anschließen. Die dreistündige Tour führt auch durch drei urige Lokale, wo es Kostproben der regionalen Küche gibt. Eine vorherige Anmeldung über Soltau Touristik ist erforderlich.

Infos und Reisetipps

i 105 **Soltau Touristik,** Am Alten Stadtgraben 3, 29614 Soltrau, Tel. 05191 828282, https://soltau-touristik.de, Mai–Oktober Mo–Do 9–17, Fr bis 14, Sa bis 12 Uhr, November–April Mo–Do 9–17, Fr bis 13 Uhr.

› **Anfahrt:** Mit der Bahn erreicht man Soltau von Hamburg, Hannover und Uelzen. Mit dem Fernbus (Flixbus) kommt man von Berlin und Hamburg in die Stadt. Soltau liegt am Ring 4 des Heide-

Shuttles (s. S. 20). Die Autobahn A7 führt wenige Kilometer östlich an Soltau vorbei. Von den Anschlussstellen Soltau-Süd (von Süden) oder Soltau-Ost (von Norden) erreicht man die Stadt in wenigen Minuten.

Essen und Trinken

106 **Medaillon** €€, Poststr. 10, 29614 Soltau, Tel. 05191 606211, www.medaillonsoltau.de, Di–So. Das Restaurant im Ratskeller direkt neben dem Alten Rathaus bietet schmackhafte deutsche und internationale Küche zu fairen Preisen. Bei schönem Wetter sitzt man gemütlich im Biergarten. Von 11.30 bis 14.30 Uhr (außer So) gibt es vier verschiedene Mittagsmenüs für unter 10 €.

049ml-hpe

Einkaufen

107 **Chili Manufaktur Lüneburger Heide,** Dannhorn 5a, 29641 Soltau, Tel. 05191 18223, https://die-chili-manufaktur.de, Mi, Sa 16–18, Fr 11–18 Uhr. Der Chili kommt direkt vom Feld in die hofeigene Küche, wo er zu vielen unterschiedlichen Spezialitäten verarbeitet wird. Die Manufaktur liegt etwa 2 km südlich von Soltau.

108 **Designer Outlet Soltau,** Rahrsberg 7, 29614 Soltau, Tel. 05191 60280, www.designeroutletsoltau.com, Mo–Sa 10–20 Uhr, im Sommer Fr, Sa bis 21 Uhr.

109 **Hof Barmbruch,** Barmbruch 5a, 29641 Soltau, Tel. 05191 8384349, tgl. 9–18 Uhr (Selbstbedienung). Im Hofladen des etwa 2 km südwestlich von Soltau gelegenen Hofs bekommt man Produkte aus der eigenen Landwirtschaft, z. B. Wurst und Fleischprodukte, Kartoffelsorten und Zwiebeln, hausgemachte Brotaufstriche aus frischem Obst und Beeren sowie Heidehonig von einem befreundeten Imker.

28 Munster ★★ [D5]

Den meisten ist Munster, zwischen Soltau und Uelzen an der Örtze gelegen, nur als **Bundeswehrstandort** bekannt. Die 15.000 Einwohner zählende Kleinstadt ist der größte Standort des deutschen Heeres und viertgrößter der Bundeswehr überhaupt. Den ca. 6500 Soldaten stehen fünf Kasernen und mit Munster Nord und Süd zwei große Truppenübungsplätze zur Verfügung.

Die enge Verbundenheit zwischen der Stadt und dem Militär soll die **Lili Marleen Gruppe**, eine Skulptur aus Bronze, ausdrücken. Sie steht an dem

◁ *Die Lili Marlen Gruppe gilt als Symbol der Stadt Munster*

Ort, an dem sich 1893 das Kasernentor zum Munsterlager befand (Hindenburgallee 1). Die Skulptur gilt als Symbol der Stadt und das Lied „Lili Marleen“ wird als inoffizielle Hymne der Stadt Munster bei verschiedenen zivilen und militärischen Veranstaltungen gespielt. Das sentimentale Lied, dessen Text schon 1915 vom Hamburger Dichter Hans Leip geschrieben wurde, handelt von einem Soldaten, der sich im Krieg sehnsuchtsvoll an früher erinnert, als er sich unter einer Laterne vor einem Kasernentor für immer von seiner Freundin verabschieden musste. Seit dem Zweiten Weltkrieg ist der Song weltberühmt und wurde in Deutschland in der von Lale Andersen gesungenen Fassung während der Kriegsjahre zum ersten Millionenseller. Aber auch bei den Alliierten wurde das Lied ein großer Erfolg. Die wohl bekannteste Fassung ist die von Marlene Dietrich, die es ab 1943 vor amerikanischen Soldaten sang. Auch heute noch hat das Lied, zumindest in Soldatenkreisen, nur wenig von seiner Popularität verloren und wird z. B. vom Truppenbetreuungssender der Bundeswehr (Radio Andernach) täglich gespielt.

Auch wenn Munster viel mehr als nur die Bundeswehr zu bieten hat, kommen doch viele gerade deswegen in den Ort, vor allem, um dem **Deutschen Panzermuseum** einen Besuch abzustatten. Auf einem 10.000 m² großen Gelände kann man in mehreren Hallen 150 Großobjekte, vornehmlich Panzer aller Art, aus der Zeit zwischen 1900 und heute besichtigen.

051ml-dpm

Wer sich für Panzer interessiert, kommt in Munster auf seine Kosten

110 Deutsches Panzermuseum, Hans-Krüger-Str. 33, 29633 Munster, Tel. 05192 2552, https://daspanzermuseum.de, Juni–September tgl. 10–18 Uhr, in der übrigen Zeit Mo geschlossen, Erw. 10 €, Kinder 6 €

Friedlicher geht es rund um den Mühlenteich im Zentrum zu, wo es den ca. 1 km langen, barrierefreien **DENKPARCOURS** gibt. An neun Stationen warten besondere Aufgaben, die das Konzentrations- und Denkvermögen auf die Probe stellen.

Das bei Munsteranern und Touristen beliebte Naherholungsgebiet um den **Flüggenhofsee** beginnt nördlich des Bahnhofs gleich hinter den Gleisen. Der ehemalige Kieselgurteich (s. S. 75) ist 950 m lang und bis zu 300 m breit. Auf seiner Nordseite gibt es einen großen Sandstrand mit Spielgeräten und guten Bademöglichkeiten, auf der Südseite des Sees auch einen Hundestrand. Um den See herum führt ein schöner Wanderweg. Angler können Aale, Barsche, Hechte, Karpfen und zahlreiche andere Fischarten fangen (Angelkarten gibt es bei der Munster Touristik).

Zu den schönsten Heidekirchen zählt **St.-Urbani** im Zentrum Munsters. Vom ursprünglichen Bau aus

050ml-hpe

dem 13. Jh., der 1519 einem Brand zum Opfer fiel, sind nur noch wenige Reste des originalen Feldsteinmauerwerks erhalten. Der Wiederaufbau erfolgte mit roten Ziegeln. Gleichzeitig wurde ein hölzerner Turm neben die Kirche gesetzt, da der eigentliche Turm die schweren Glocken nicht mehr tragen konnte. Ende des 19. Jh. wurde die Kirche um ein Querschiff erweitert. Im Innern sind der Flügelaltar und das bronzene Taufbecken, beide aus dem 15. Jh., besonders sehenswert.

Nahe der Kirche befindet sich der **Ollershof.** Das Haupthaus des Hofs ist das älteste noch erhaltene Wohngebäude der Stadt. Das niedersächsische Zweiständerfachwerkhaus wurde 1789 erbaut und bis 1930 bewirtschaftet. Heute beherbergt es im Erdgeschoss Veranstaltungsräume und wird zu repräsentativen Zwecken und für kulturelle Veranstaltungen geöffnet.

Im Laufe der Zeit wurden auf dem Gelände des ehemaligen Vollhofs weitere historische Gebäude errichtet, die in anderen Orten der Region abgebaut wurden. Das ganze Ensemble wirkt wie ein Freilichtmuseum und wird zu Recht als **Heimathausanlage** bezeichnet (ist allerdings nur von außen zu besichtigen). Dazu gehören eine Wagenremise aus Ziegelfachwerk, die um 1795 erbaut wurde, ein Backhaus aus Feldsteinmauerwerk und ein Treppenspeicher, beide aus der gleichen Zeit, sowie zwei Schweinehäuser von 1933/1934.

Angrenzend an die Heimathausanlage befindet sich in der Lüneburger Straße an der Örtze eine **Wassermühle.** Eine erste Mühle wird für diesen Standort im Jahr 1556 erwähnt. Heute gehört die denkmalgeschützte Mühle der Stadt und kann

KURZ & KNAPP

Vollhof und Halbhof

Vom Mittelalter bis in die Neuzeit wurde ein Bauernhof als **Vollhof** bezeichnet, der eine bestimmte, von Region zu Region unterschiedliche Mindestgröße an Ackerfläche überschritt. Von dem Ertrag eines Vollhofs konnte der Vollbauer seine Familie gut ernähren und die Beschäftigung von Knechten und Mägden war möglich.

Bei einem **Halbhof** war die Ackerfläche geringer und die Familie konnte sich nur knapp von dem Ertrag ernähren. Der Halbbauer arbeitete etwa zur Hälfte auf seinem Hof und stellte seine Arbeitskraft auch anderen, meist größeren Bauern gegen Bezahlung zur Verfügung.

Die Wassermühle am Mühlenteich im Zentrum Munsters

an bestimmten Tagen (z.B. Deutscher Mühlentag, Tag des offenen Denkmals) auch von innen besichtigt werden.

Seit mehr als 30 Jahren veranstaltet die Feuerwehr Munster im August das beliebte **Weinfest.** Bei Musik und Tanz, Essen und Trinken ist der Höhepunkt des dreitägigen Fests die Krönung der Weinkönigin.

Auch wenn Munster von vielen Heideflächen umgeben ist, sind die meisten für Touristen nicht zugänglich, da sie auf den Truppenübungsplätzen Munster Nord und Süd liegen. Ausnahme ist die kleine, naturbelassene **Dethlinger Heide** im Südosten der Stadt, in der man nach Lust und Laune spazieren kann.

29 Geisterdorf Lopau ★★★ [E5]

Im äußersten Nordosten von Munsters Gemeindegebiet liegt das Dorf Lopau (Anfahrt am besten über 29565 Wriedel – OT Wulfsode). Das uralte Dorf, das bereits 1293 urkundlich erwähnt wurde, ist es ein sog. **Lost Place**, ein verlassener Ort. Die Bewohner des auch als Geisterdorf bezeichneten Lopau mussten Anfang der 1980er-Jahre ihre Heimat räumen und wurden mehr oder weniger freiwillig umgesiedelt. Das aber nicht etwa wegen gefährlicher Geister, sondern wegen ganz realer Gefahren. Durch die Erweiterung des Truppenübungsplatzes Munster Nord gelangte das Dorf in die Reichweite der Schießbahn 7, wo mit scharfen Granaten und anderen Geschossen geübt wird. Die Gefahr war zu groß, dass einem Bewohner eine Granate auf den Kopf fallen und er bleibenden Schaden nehmen könnte.

Heute ist das Dorf, das nicht abgerissen wurde, ein beliebter Ausflugsort und einer der wenigen Lost Places in Deutschland, der, zumindest zeitweise, betreten werden darf. Verboten ist der Zugang allerdings, wenn Schießübungen stattfinden. Dann ist die Schranke an der Zufahrt ge-

Kieselgur

Bei Kieselgur handelt es sich um einen wichtigen Rohstoff, der u.a. als Filtermedium, als Füllstoff in zahlreichen Materialien wie Papier, Puder, Farbe oder Kunstoffen, als Schleif- und Poliermittel, zur Herstellung von Dynamit, als Zugabe zum Asphalt und für vieles mehr Verwendung findet.

Der Kieselgur, auch Gold der Heide genannt, ist eine weißliche, pulvrige Substanz, die während der Holstein-Warmzeit vor etwa 300.000 Jahren aus den Schalen fossiler Kieselalgen entstand. Die mikroskopisch kleinen Algen lebten – und leben auch heute noch – vor allem im Plankton der Meere und Binnengewässer. Die meisten Arten sind inzwischen ausgestorben, dennoch unterscheidet man gegenwärtig noch um die 6000 Spezies. Kennzeichnend ist ihre Hülle, die überwiegend aus Siliziumdioxid besteht. 1 ml reines Kieselgur enthält etwa 1 Milliarde Schalen und Bruchstücke.

Bis zum Ersten Weltkrieg wurde nahezu der gesamte weltweite Bedarf durch niedersächsischen Kieselgur gedeckt, wobei bis zu 60.000 Tonnen pro Jahr abgebaut wurden. Dabei handelte es sich ausschließlich um Süßwasser-Kieselgur. Die Lagerstätten erreichten Höhen von knapp 30 m. 1994 wurde der Abbau in der Lüneburger Heide aus Rentabilitätsgründen eingestellt.

052ml-hpe

Verlassenes Haus im Geisterdorf Lopau 29

schlossen und man sollte das Verbot unbedingt respektieren. Ob sich auch die Geister daran halten, ist bis heute nicht geklärt. Auskünfte über Sperrzeiten erhält man im Internet auf der Website der Stadt Munster (https://munster.de), wenn man den Menüpunkt „Bundeswehr" anklickt.

Nicht nur das Dorf lohnt einen Besuch, sondern auch die Landschaft drumherum. Nordwestlich und östlich entspringt, zu Quellteichen aufgestaut, der Heidefluss Lopau, ein knapp 14 km langer Nebenfluss der Luhe. Er bildet in seinem Oberlauf das wunderschöne **Lopautal**, das durch Wanderwege erschlossen ist.

Weite Teile des Dorfs und seiner Umgebung einschließlich des Lopautals sind seit Oktober 2020 als **Naturschutzgebiet Oberes Lopautal** ausgewiesen. Das Schutzgebiet dient der Erhaltung der Lopau als naturnahes, sommerkaltes Fließgewässer mit seinen grundwasserbeeinflussten Lebensräumen. Hier finden Kranich und Eisvogel ebenso wie Fischotter, Kammmolch und Bachneunauge einen geeigneten Lebensraum. Wer Geduld und Glück hat, kann sogar Schwarzstörche und Seeadler beobachten, die sich regelmäßig als Nahrungsgäste im Gebiet aufhalten.

Weitere Aktivitäten

Um Munster herum wurden mehrere **Wanderwege** mit Längen zwischen 11 und 16 km markiert. Zusätzlich gibt es einen barrierefreien Rolliweg in der Stadt. In der Touristeninformation erhält man einen entsprechenden Flyer, der auch online zu bestellen ist.

Neben dem **Naturfreibad am Flüggenhofsee** bietet Munster mit dem **Allwetterbad** auch ein Hallenbad mit Außenbereich. Eine 40 m lange Röhrenrutsche, Erlebnisbecken mit Gegenstromkanal und viele weitere Attraktionen sorgen dafür, dass keine Langeweile aufkommt.

S111 Allwetterbad Munster, Dr. Hermann-Marcks-Str. 14, 29633 Munster, https://ihr-stadtwerk.de/de/Menue/Baeder/Allwetterbad/, Di–Fr 9–20, Sa, So 11–18 Uhr, während der niedersächsischen Schulferien auch Mo 14–20 Uhr, Erw. 6,50 €, Kinder 3,50 €

Wer noch keine Erfahrung mit der modernen Form der Schnitzeljagd, dem **Geocaching**, gesammelt hat, kann dies auf einem 2 km langen Rundweg nachholen. GPS-Geräte werden im Büro der Munster Touristik gegen eine geringe Gebühr verliehen. Wer ein GPS-Gerät oder ein Smartphone mit einer entsprechenden Geocaching-App hat, kann die Tour natürlich auch mit dem eigenen Gerät absolvieren.

Munster Touristik bietet **Stadtführungen** zu Fuß und mit dem Fahrrad an (Termine gibt es online oder in der Touristeninformation). Wer einen Blick hinter den Zaun der **Truppenübungsplätze** wagen möchte, kann an einer etwa dreistündigen

Bustour unter Leitung eines Offiziers der Bundeswehr und eines Forstbeamten teilnehmen. Termine und Buchung im Internet (https://munster.de/home/tourismus-freizeit/bundeswehr-hautnah.aspx). Da die wenigen Termine immer schnell ausgebucht sind, ist eine langfristige Vorausbuchung empfehlenswert.

Infos und Reisetipps

- 112 **Munster Touristik,** Veestherrnweg 5, 29633 Munster, Tel. 05192 89980, www.munster.de/home.aspx, Mo–Fr 10–13 und 14–17 Uhr, Juli bis September zusätzlich 9–12.30 Uhr. Auf der Website findet man auch einen Veranstaltungskalender.
- › **Anfahrt:** Munster liegt an der Bahnstrecke Bremen – Uelzen. Mit dem Pkw erreicht man den Ort von der Autobahn A7 ab der Abfahrt Soltau-Ost (A7) über die Bundesstraße B71 nach 13 km.

Essen und Trinken

- 113 **Zur Wassermühle** €€, Lüneburger Str. 7, 29633 Munster, Tel. 05192 18905, https://zur-wassermuehle.de. Das Café/Restaurant befindet sich im Herzen der Stadt direkt an der Örtze gegenüber der Wassermühle. Auf der umfangreichen Speisekarte werden auch Heidschnuckenbraten und Wildspezialitäten angeboten. Bei schönem Wetter kann man im Freien am Fluss sitzen.

Einkaufen

- 114 **Kleiner Laden Wulfsode,** Langlinger Str. 2, 29565 Wriedel – OT Wulfsode, Tel. 0160 97968107, Do, Fr 14–18, Sa, So 11–18 Uhr, im Winter nur Sa und So. Der kleine Laden, der direkt neben einem historischen Treppenspeicher beheimatet ist, hat ein umfangreiches Sortiment, darunter selbstgemachtes Gebäck und Gelees, Heidschnuckenprodukte und Honig aus der Region, aber auch Geschenkartikel und Nützliches aus dem Bereich Küche und Garten. Wer auf dem Weg ins Geisterdorf Lopau (29) ist, sollte hier vorbeischauen.
- 115 **Wochenmarkt Munster,** Heinrich-Peters-Platz, Di, Sa 7–12 Uhr. Angeboten werden saisonale Produkte von Obst und Gemüse über Fleisch- und Wurstwaren bis zu Fisch und Backwaren, z. T. aus der Region.

30 Wietzendorf ★★ [D6]

Die Gemeinde Wietzendorf liegt einige Kilometer südwestlich von Munster (28) an der Wietze und der Aue, die mitten im Ort in die Wietze mündet. Der staatlich anerkannte **Erholungsort** ist weit über die Region hinaus als **Honigdorf** bekannt. Von den 4200 Einwohnern sollen sich nach Auskunft der Touristik Wietzendorf über 100 als Imker betätigen und

053ml-hpe

› *Blick in die St. Jakobikirche in Wietzendorf*

Heideimkerei

In der Lüneburger Heide hat sich im Laufe von Jahrhunderten eine besondere Form der Bienenhaltung, die sog. **Heideimkerei,** entwickelt, die bis ins vergangene Jahrhundert hinein in großem Stil praktiziert wurde. Normalerweise wird der Honig im Frühjahr und nochmals im Sommer abgeschleudert. Danach lässt man den Bienen ihren Honig, die sich damit Wintervorräte anlegen. Das geht bei der Heideimkerei nicht, weil die Heide erst ab August blüht und der Honig dann frühestens im September geerntet werden kann. Den Bienen steht dadurch nicht mehr genügend Zeit zur Verfügung, um sich ausreichend Vorräte für den Winter anzulegen. Die meisten Völker verhungern und überleben den Winter nicht, wenn man nicht zufüttert, was früher nicht üblich war.

Die Heideimker selektierten daher ihre Bienen nach möglichst früher und großer Schwarmfreudigkeit (was die anderen Imker gerade nicht wünschen), um aus den wenigen überlebenden Völkern im Frühjahr durch das natürliche Schwarmverhalten wieder zahlreiche neue Völker entstehen zu lassen. Diese besondere Form der Imkerei wird auch als Lüneburger Schwarmbienenzucht bezeichnet. Manche Imker brachten es dabei auf mehrere Hundert Völker. Durch ständige Zuchtauswahl entwickelte sich ein eigenständiger Typ der Dunklen Europäischen Biene, die **Heidebiene.**

Gehalten wurden die Bienen in Strohkörben, den sog. **Lüneburger Stülpern.** Diese standen dicht an dicht in den Bienenzäunen. Die überdachten, langen Holzregale, die zur Wetterseite geschlossen sind, kann man auch heute noch vielerorts in der Heide sehen. Da die Lüneburger Schwarmbienenzucht sehr zeitaufwendig und weniger produktiv als moderne Haltungsmethoden ist, gibt es heute nur noch wenige Imker in der Heide, die ihre Bienen nach der traditionellen Methode halten. Das zeigt sich auch an den Bienenzäunen, wo man statt der Lüneburger Stülper mehr und mehr moderne Bienenbehausungen sieht.

054ml-hpe

insgesamt mehr als 500 Bienenvölker halten. Die lebensgroße Bronzeplastik eines Imkers in der Dorfmitte unterstreicht den Charakter des Ortes als Honigdorf, genau wie das große **Wietzendorfer Honigfest**, das seit mehr als 50 Jahren immer am letzten vollen Septemberwochenende veranstaltet wird. Mehr als 100 Aus- und Schausteller machen die Ortsmitte rund um die Kirche dann zu einer belebten, bunten Meile.

Die neugotische **St. Jakobikirche** im Zentrum des Dorfes wurde 1876 erbaut. Der Holzturm aus dem Jahr 1746 stammt noch von ihrem Vorgängerbau. Im Innern der Kirche ist das bronzene Taufbecken besonders sehenswert. Es wird auf die Mitte des 14. Jh. datiert.

Nicht weit vom Zentrum entfernt befindet sich der **Peetshof Wietzendorf.** Der für die Region typische Fachwerkbauernhof stammt größtenteils aus der Zeit um 1870. Er ist ein herausragendes Beispiel für die vergangene bäuerliche Kultur, wie man es nur noch selten findet. Heute beherbergt er ein **bäuerliches Museum** und eine Spinn- und Webstube aus der Zeit um 1900. Auf der Diele finden Ratssitzungen und kulturelle Veranstaltungen statt. Auf dem jederzeit frei zugänglichen Hofgelände ist ein vielfältiger **Bauerngarten** zu bewundern.

Mit dem Rad oder zu Fuß lässt sich das **Wietzendorfer Moor** erkunden. Das 210 ha große Naturschutzgebiet mit Resten von Hochmooren liegt südwestlich des Ortes. Von einem Aussichtsturm kann man in Ruhe Vögel beobachten.

116 Peetshof Wietzendorf, Über der Brücke, 29649 Wietzendorf, https://peetshof-wietzendorf.de, Mai–September Mi 9–11.30, Do 9.30–12 und 15–17 Uhr, Erw. 2 €, Kinder frei

Weitere Aktivitäten

Wietzendorf ist Durchgangsstation zahlreicher **Weitwanderwege,** wie dem Heidschnuckenweg, dem Europäischen Fernwanderweg E1, dem Jakobsweg und der Via Romea. Darüber hinaus gibt es um den Ort herum noch weitere Wandermöglichkeiten. Besonders schön ist der 15 km lange Wander- und Erlebnispfad **Was(s) erwandern** entlang der Wietze und der Aue.

Radler können u. a. auf dem 42 km langen Wietzendorfer Ring, der rund um den Ort führt, die Region erkunden.

Infos und Reisetipps

117 Wietzendorf Touristik, Kampstr. 4, 29649 Wietzendorf, Tel. 05196 2190, https://wietzendorf-touristik.de, Ostern–Oktober Mo–Fr 10–13, 14–17 Uhr, ansonsten nur Mo–Fr

› **Anfahrt:** Wietzendorf ist mit dem Bus (Linie 355) von Soltau aus zu erreichen. Mit dem Pkw fährt man an der Ausfahrt Soltau-Süd von der Autobahn A7 ab und ist nach 10 km im Ort.

Einkaufen

› In den Räumen der **Wietzendorf Touristik** werden zahlreiche regionale Produkte und Geschenkartikel rund um das Thema Honig verkauft.

118 Wietzendorfer Wunderwerk, Kampstr. 4, Tel. 05196 2190, Di, Do, Fr 15–18, Sa 10–13 Uhr. Das Wunderwerk ist ein Zusammenschluss von verschiedenen Hobbykünstlern in und um Wietzendorf. Zu bestaunen und kaufen gibt es Kerzen, Seifen, Schmuck, Holz- und Eisenobjekte und vieles mehr.

Das Imkerdenkmal befindet sich im Zentrum von Wietzendorf

Naturpark Südheide

Der Naturpark Südheide liegt zwischen Munster im Norden und Celle im Süden. Im Westen liegt die Grenze bei Bergen und im Osten bei Weyhausen. Die touristisch bedeutendsten Orte sind **Müden (Örtze)** 31, **Hermannsburg** 33 und **Faßberg** 32. Die größten zusammenhängenden **Heidegebiete** liegen östlich von Hermannsburg und Müden (Örtze) sowie westlich von Müden rund um den Wietzer Berg. Wie in den anderen Regionen der Lüneburger Heide, sind auch im Naturpark Südheide zahlreiche **Wander- und Radwege** angelegt worden.

Der 1964 gegründete **Naturpark** liegt in der südlichen Lüneburger Heide im Landkreis Celle, der auch Träger des Parks ist. Etwa 5 % der 480 km² großen Fläche werden von zehn Naturschutzgebieten eingenommen, weitere 90 % sind als Landschaftsschutzgebiete ausgewiesen.

Die in der Eiszeit geprägte, leicht hügelige **Geestlandschaft** war mit ihren sandigen Böden bis zum Mittelalter von lichten Eichen-Mischwäldern bedeckt. Menschliche Eingriffe wie Holzeinschlag und Waldweide führten dann zur vollständigen Entwaldung der Region. Die daraus entstandenen baumlosen Gebiete mit ihren nährstoffarmen Sandböden gaben Raum für ausgedehnte Heideflächen. Erst gegen Ende des 18. und zu Beginn des 19. Jahrhunderts wurden bedeutende Teile der Heide mit Nadelbäumen bepflanzt. Diese Aufforstungen haben dazu beigetragen, dass der Naturpark Südheide heute zu rund 65 % mit Wäldern, hauptsächlich Kiefern und Fichten, bedeckt ist und damit zu den **größten zusammenhängenden Waldgebieten Deutschlands** zählt.

Selbstverständlich gibt es auch heute noch ausgedehnte **Heideflächen** im Naturpark. Etwas mehr als 500 ha sind erhalten und werden u. a. mithilfe von drei **Heidschnuckenherden** gepflegt. Die Flächen sind fast ausschließlich mit Besenheide bewachsen, nur vereinzelt, meist an feuchteren Standorten, finden sich noch kleinere Glockenheidebestände.

Entwässert wird das Gebiet durch die **Örtze** und die **Lachte**, die beide nach Süden in die Aller fließen. Die Nebenarme der beiden Heideflüsse stehen mit ihren angrenzenden Auen- und Bruchwäldern, Mooren und Sümpfen z. T. unter Naturschutz und bieten Lebensraum für eine Fülle seltener, teils stark gefährdeter Pflanzen und Tiere.

Da die nährstoffarmen Sandböden vor der Erfindung des Kunstdüngers landwirtschaftlich kaum genutzt wurden, blieb eine dichte Besiedelung und Erschließung durch ein umfangreiches Straßen- und Schienennetz weitgehend aus, sodass die Landschaft auch heute noch in großen Teilen unzerschnitten ist. Das kommt nicht nur dem naturverbundenen Touristen zugute, der hier beste Bedingungen für einen geruhsamen Urlaub abseits des Massentourismus findet, sondern auch den zahlreichen Tieren und Pflanzen.

056ml-hpe

31 Müden (Örtze) ★★★ [D6]

Der staatlich anerkannte Erholungsort Müden (Örtze), ein Ortsteil der Gemeinde Faßberg, ist von ausgedehnten Wald- und Heidegebieten umgeben. Viele – darunter auch der Heidedichter Hermann Löns (s. S. 110) – bezeichnen den Ort mit seinen gut 2000 Einwohnern als einen der schönsten in der Lüneburger Heide. Zu Recht schmückt er sich mit dem Beinamen „Perle der Südheide".

Das Dorfbild wird durch **viele alte Gehöfte** geprägt, die im ursprünglichen Baustil als Fachwerkgebäude mit Strohdach erhalten und oft liebevoll restauriert wurden. Auf den Höfen und entlang der Kopfsteinpflasterstraßen und schmalen Gassen, die in Norddeutschland Twieten genannt werden, stehen alte, knorrige Eichen.

Wer aufmerksam durch die alten Gassen schlendert, wird von Zeit zu Zeit Holzstelen mit einem QR-Code entdecken. Sie gehören zum **Audiowalk,** einem Hörerlebnis, das einem die Geschichte Müdens näherbringt.

Zum pittoresken Dorfbild passt die kleine **Pfarrkirche St. Laurentius,** deren etwas abseits stehender hölzerner Glockenturm typisch für die alten Heidekirchen ist. Mit dem Bau der heutigen Kirche wurde im späten 12. Jh. begonnen. Das zunächst mit Feldsteinen errichtete Gebäude wurde im Laufe der Zeit mehrfach umgebaut und präsentiert sich jetzt als Backsteinkirche mit äußeren Stützpfeilern und romanischen und gotischen Stilelementen. Im Innern sind die beiden Taufbecken bemerkenswert, von denen das ältere Steinbecken um 1250 gefertigt wurde. Das bronzene Taufbecken stammt aus dem 15. Jh. Sehenswert sind auch die Deckenmalereien.

Ein besonderes Kleinod ist die **Wassermühle** an der Örtze, die auch die Touristeninformation beherbergt. Es ist urkundlich nachgewiesen, dass hier schon im frühen 15. Jh. eine Kornmühle stand. Das heutige Mühlengebäude wurde 1913 errichtet und war noch bis 1965 als Getreidemühle in Betrieb. Im Nebengebäude werden mit einem wassergetriebenen Generator noch heute täglich 100 bis 150 KWh Strom erzeugt.

Nur wenige Schritte nördlich der Mühle liegt der künstlich angelegte **Heidesee,** um den ein schöner Spazierweg führt. Etwas südwestlich der Mühle lockt das sog. **Örtzeeck,** die Mündung der Wietze in die Örtze. Hier wurde ein schöner Rast- bzw. Ruheplatz mit Bänken, einer Wanderhütte und zahlreichen Infotafeln geschaffen.

Der **Wildpark Müden,** der sich nahe des Örtzeecks befindet, beherbergt rund 200 zumeist einheimische Tiere aus 30 verschiedenen Arten, die in großen, naturbelassenen Gehegen leben. Von März bis Oktober zeigen Greifvögel in der Flugshow ihre Flugkünste. Von Mitte Juni bis Ende September gibt es jeden Samstag ab 18 Uhr ein Grillfest. Dann ist der Eintritt frei.

★**119 Wildpark Müden**, Heuweg 23, 29328 Müden (Örtze), Tel. 05053 903031, https://wildparkmueden.de, März–Oktober tgl. 9–18, ansonsten 10–16 Uhr, Erw. 12 €, Kinder 9 €

Seit mehr als 800 Jahren gibt es den **Müdener St.-Laurentius-Markt,** der jedes Jahr am Mittwoch und Donnerstag nach dem 10. August stattfindet. Der traditionelle Markt im alten Dorfkern bietet eine bunte Mischung aus Verkaufsbuden, Schießbuden, Karussells etc.

Nicht nur für Heidschnuckenzüchter ist die jährlich im Juli stattfindende **Bockauktion** eines der wichtigsten Ereignisse in der Region. Zur Versteigerung kommen ca. 40 der besten Jährlingsböcke aus der Lüneburger Heide. Der Allerbeste unter ihnen wird zum Mister Müden gekürt. Für alle, die mehr als die Versteigerung erleben wollen, gibt es eine Vielzahl an Ständen mit Essen und Getränken und allerlei Erzeugnissen aus der Heide sowie viele interessante Informationen rund um die Schnucken.

Etwa 1 km südwestlich von Müden erhebt sich der 102 m hohe **Wietzer Berg.** Man erreicht ihn am besten zu Fuß auf dem Heidschnuckenweg Richtung Wietzendorf oder vom Parkplatz Heideland Wietzer Berg an der L240 (Hermannsburger Str. 20). Rund um den Berg breitet sich eine wunderschöne ausgedehnte Heidefläche aus. Auf seinem „Gipfel" steht das mächtige **Hermann-Löns-Denkmal.** Rundherum wurde ein besonders schöner Rast- und Ruheplatz mit Bänken, Tischen und einer Schutzhütte eingerichtet. Die Aussicht auf die mit Wacholder und einzelnen Birken gespickte Heide ist genauso grandios wie der Blick in das Tal der Örtze.

Und noch ein Tipp: Wer eine Übernachtungsmöglichkeit sucht, sollte sich die wunderschön direkt am Ufer der Örtze gelegene **Jugendherberge von Müden** ansehen. Sie hat einen **eigenen Strand** zu bieten (s. S. 18).

Weitere Aktivitäten

Wanderer können die Gegend um Müden auf zahlreichen schönen Wanderwegen erkunden. Markiert und mit Infotafeln versehen sind die **Themenwanderwege** Fluss-Wald-Erlebnispfad (mehrere Rundwege von 3 bis 19 km) und Sagenhafte Sicht im Elfenland (mehrere Rundwege zwischen 5,5 und 15 km) sowie die **Heideschleife Müden.** Darüber hinaus verläuft der

⌃ *Die Jugendherberge in Müden hat ihren eigenen Sandstrand an der Örtze (s. S. 18)*

von Wietzendorf kommende **Heidschnuckenweg** über Müden nach Faßberg und in einer Variante von Müden nach Hermannsburg.

Natürlich gibt es auch zahlreiche **Radwege.** Zwei besonders schöne Themenrundtouren mit Informationstafeln sind **„Wo einst die Langbärte wohnten“** und **„Unterwegs zu den Gaußschen Vermessungspunkten“.** Erstere ist eine 26 km lange Rundtour, die durch die einstige Siedlungsregion der Langobarden führt. Höhepunkte der Tour sind die Fundstelle des sog. Langobardengrabs, die Oberoher Heide mit den Kieselgurabbaustellen (s. S. 75), der Wacholderwald und die Erinnerungsstätte Luftbrücke Berlin in Faßberg.

Die je nach Streckenführung bis zu 64 km lange zweite Tour führt von Müden Richtung Süden bis nach Eschede. Neben den Vermessungspunkten des Mathematikers Carl

Carl Friedrich Gauß

Carl Friedrich Gauß, geboren im Jahr 1777 in Braunschweig, war ein Gelehrter, der bereits zu seinen Lebzeiten als „Fürst der Mathematiker“ galt. Schon als Schüler fiel seine besondere mathematische Begabung auf und Herzog Karl Wilhelm Ferdinand von Braunschweig unterstützte den Wunderknaben finanziell.

Im Alter von 18 Jahren entwickelte Gauß die Grundlagen der modernen Ausgleichsrechnung und der mathematischen Statistik. Auf ihn gehen zahlreiche mathematische Funktionen, die nichteuklidische Geometrie, die Gaußsche Normalverteilung und vieles mehr zurück. 1807 wurde er Universitätsprofessor und Leiter der Sternwarte in Göttingen.

Gauß war aber nicht nur Theoretiker, sondern befasste sich auch praktisch mit den Naturwissenschaften. Er erfand zusammen mit anderen die elektromagnetische Telegrafie und entwickelte Magnetometer. Er erkannte, dass über die ganze Erde verteilte Messungen zur Erforschung der Schwankungen des Erdmagnetfelds zeitgleich erfolgen müssen, und hatte entscheidenden Einfluss bei der Errichtung eines entsprechenden Netzwerkes.

1820 beauftragte ihn König Georg IV., das Königreich Hannover zu vermessen, die sog. Gaußsche Landaufnahme. Durch eine von ihm entwickelte mathematische Methode, die auch heute noch Standard in der mathematischen Statistik (Stochastik) ist, konnte er die Genauigkeit bei der Landvermessung deutlich steigern. In der Südheide erinnern heute noch zahlreiche Vermessungs- und Gedenksteine an die Gaußsche Landvermessung und seinen Aufenthalt in der Region. Zu sehen sind sie z. B. auf dem Hausselberg, dem Falkenberg und dem Breithorn.

Carl Friedrich Gauß starb 1855 nach langer Krankheit in Göttingen.

058ml-hpe

Friedrich Gauß (s. S. 83) passiert man u. a. die Heide am Angelbecksteich, das beeindruckende Tiefental und den Citronenberg.

Bei genügendem Wasserstand (die Pegel an den Einsetzstellen müssen im grünen Bereich sein) kann die Örtze vom 16. Mai bis 14. Oktober zwischen 9 und 18 Uhr mit **Kanus und Kajaks** befahren werden. Mitglieder des Deutschen Kanuverbandes dürfen den Fluss ganzjährig befahren. Die über 50 km lange Strecke endet in Winsen an der Aller. Informationen über Einsetzstellen und aktuelle Pegelstände werden unter folgendem Link veröffentlicht: https://naturpark-suedheide.de/aktiv-im-naturpark/pegelstaende-fluss-erlebnis.

Infos und Reisetipps

120 Tourist Information Müden (Örtze), Unterlüßer Str. 5, 29328 Faßberg - Müden, Tel. 05053 989222, www.touristinformation-mueden.de, Ostern - November Mo - Fr 10 - 15, Sa 10 - 13 Uhr, August und September auch So 10 - 13 Uhr, ansonsten nur Mo - Fr 10 - 12 Uhr.

› **Anfahrt:** Der nächste Bahnhof befindet sich in Unterlüß, ca. 16 km von Müden entfernt. Von dort kann man mit dem Faßberger Bürgerbus (Linie 1, nur zwei Fahrten pro Tag) zunächst nach Faßberg fahren und von dort weiter (Linie 0, nur vier Fahrten am Tag) nach Müden. Die Busse verkehren nicht am Wochenende und nicht an Feiertagen. Ansonsten gibt es eine Busverbindung vom Bahnhof Celle nach Müden. Mit dem Pkw erreicht man Müden am besten von der Autobahn A7. Aus dem Norden bis Soltau-Ost, dann auf der B3 bis Bockel und weiter über Wietzendorf und Reddingen nach Müden. Aus dem Süden bereits in Mellendorf Richtung Celle abfahren und weiter über Winsen, Bergen und Wohlde nach Müden.

Essen und Trinken

121 Ole Müllern Schün €, Alte Dorfstr. 6, 29328 Müden (Örtze), Tel. 0172 7072078, https://ole-muellern-schuen.de. Im Bauerncafé des Müllern Hof, der schon 1022 urkundlich erwähnt wurde, werden ausgesprochen leckere Torten und Backwaren in gemütlichem Ambiente serviert. Die Auswahl ist riesig, die Tortenstücke ebenso.

Einkaufen

122 Imkerei Ahrens, Haußelbergweg 54, 29328 Müden (Örtze), Tel. 05053 704, https://imkerei-ahrens.de, Mo - Mi, Fr, Sa 9 - 14, Do 9 - 18 Uhr. Wer Honig mag oder ihn verschenken möchte, ist bei der Imkerei Ahrens, die schon seit mehr als 100 Jahren besteht, genau richtig. Hier erhält man nicht nur den wertvollen Heidehonig, sondern auch weitere Sorten aus Deutschland, z. B. Buchweizenhonig oder Waldhonig.

32 Faßberg ★★★ [E6]

Faßberg bietet mit dem Luftbrückenmuseum für alle, die sich für die Fliegerei interessieren, ein besonderes Highlight, das es in der Lüneburger Heide so kein zweites Mal gibt. Darüber hinaus findet der eher an der Natur interessierte Besucher südlich des Ortes ausgedehnte Heideflächen und den einzigartigen Wacholderwald.

Einige Kilometer nordöstlich von Müden liegt Faßberg, der Ort, dem die Gemeinde ihren Namen verdankt. Er ist noch sehr jung und entstand parallel zum **Fliegerhorst Faßberg,** mit dessen Bau 1933 begonnen wurde. Der Fliegerhorst war 1934 fertig, die Siedlungen für ca. 2300 Bewohner wurden bis 1938 gebaut. Dabei wurden je nach Dienstgrad qualitativ unterschiedliche Bereiche geschaffen. Die Arbeiter zogen in die einfachen Quartiere der Weißen Siedlung. Für die unteren Beamten und Unteroffiziere war die Graue Siedlung vorgesehen. Die höheren Beamten und Offiziere durften in der komfortablen Roten Siedlung wohnen, wo es in den Wohnungen neben einem Bad sogar eine separate Toilette und eine Zentralheizung gab. 1978 wurde die **Rote Siedlung** unter Denkmalschutz gestellt.

Nach dem Zweiten Weltkrieg waren zunächst englische Soldaten der British Air Force auf dem Fliegerhorst stationiert. Während der Berlin-Blockade 1948/1949 war Faßberg ein wichtiger Flugplatz für die „Rosinenbomber", die von hier vor allem Kohle in die von der Sowjetunion abgeriegelten Westzonen der Stadt brachten. Dabei wurden bis zu 450 Starts und Landungen pro Tag gezählt und über 500.000 Tonnen Kohle nach Berlin geflogen. Im **Luftbrückenmuseum Faßberg** direkt am Flugplatz wird die Geschichte der Luftbrücke eindrucksvoll nacherzählt. Zu sehen und zu begehen ist u.a. ein zweimotoriges Propellerflugzeug, die Douglas C-47 Skytrain. In Wellblechhütten, den sog. Nissenhütten, und alten Eisenbahnwagons sind zahlreiche, teils originale Stücke ausgestellt.

123 Luftbrückenmuseum Faßberg, Waldweg 5, 29328 Faßberg, Tel. 05052 978865, https://luftbrueckenmuseum.de, tgl. 13–17 Uhr, Erw. 4 €

1956 verließen die letzten englischen Soldaten den Fliegerhorst, den die Bundeswehr übernahm. Heute ist er mit fast 600 ha einer der größten Militärflugplätze Deutschlands und wird vor allem vom Heer genutzt.

Wer nach weniger kriegerischen Besichtigungsmöglichkeiten sucht, der findet gleich südöstlich vom Flug-

059ml-hpe

platz den wunderbaren **Wacholderwald Schmarbeck**, der von einem großen Wanderparkplatz (im Sommer mit WC) aus zu erreichen ist. Der friedliche Wald mit den alten, knorrigen Wacholdern gilt als größter Wacholderwald Norddeutschlands und zählt zu den schönsten seiner Art.

Weiter südlich kann man in der **Oberoher Heide** ebenfalls von einem Wanderparkplatz aus ein ehemaliges **Kieselgurabbaugebiet** (s. S. 75) erkunden. Der 3 km lange Kieselgur-Rundweg erschließt das Gelände.

Ein weiteres landschaftliches Highlight ist mit dem **Hausselberg** westlich der Oberoher Heide zu finden. Der 112 m hohe Berg ist vom Wanderparkplatz Gerdehaus nach einer 2,5 km langen Wanderung zu erreichen. Für Flachländer ist der Schlussanstieg, auf dem 20 Höhenmeter

Bronzeskulptur am Platz der Luftbrücke in Faßberg

bewältigt werden müssen, schon schweißtreibend, aber oben angekommen wird man mit einem schönen Rastplatz, einer Schutzhütte und einer herausragenden Aussicht auf die Heideflächen belohnt. Verschiedentlich wird sogar berichtet, dass man bei guter Sicht den über 30 km entfernten Wilseder Berg sehen kann. Dieses Glück hatten wir allerdings noch nie.

- P124 **Wanderparkplatz Gerdehaus,** Gerdehaus 1A, 29328 Faßberg
- P125 **Wanderparkplatz Oberoher Heide,** Oberohe 8, 29328 Faßberg
- P126 **Wanderparkplatz Wacholderwald,** Schmarbeck, 29328 Faßberg

Weitere Aktivitäten

Faßberg ist Etappenziel auf dem **Heidschnuckenweg.** Vom Parkplatz Wacholderwald kann man zu drei bestens markierten Wanderungen mit Längen zwischen 4,5 und 12 km aufbrechen. Weitere Details zum Wandern und Radfahren siehe Müden (S. 82).

Infos und Reisetipps

- **Tourist Information** siehe Müden (S. 84).
- Anfahrt: Der nächste Bahnhof ist Unterlüß. Von dort verkehrt die Linie 1 des Faßberger Bürgerbusses nach Faßberg. Allerdings nur zweimal am Tag und nicht am Wochenende oder an gesetzlichen Feiertagen. Anreise mit Pkw siehe Müden (S. 84).

Essen und Trinken

- 127 **Zur Heidehexe** €, Oberohe 8, 29328 Faßberg, https://zur-heidehexe.de, Ende Mai–Anfang Oktober Mi–So 12–18 Uhr. In der Oberoher Heide, direkt am Kieselgurabbaugebiet, werden im Gartencafé hausgebackener Kuchen und Heidschnuckenspezialitäten serviert.

33 Hermannsburg ★★★ [D6]

Hermannsburg ist vor allem wegen seiner langen Missionsgeschichte bekannt, die auch heute noch große Bedeutung für den Ort hat, wovon das Missionswerk und mehrere Kirchen zeugen. Aber auch für Naturliebhaber ist der Ort am Westrand des Naturparks Südheide wegen zahlreicher Heideflächen und einem Naturschutzgebiet in seiner Umgebung attraktiv.

Anders als Faßberg ist Hermannsburg eine alte Ortschaft, die bereits 1059 erstmals urkundlich erwähnt wurde, aber noch einige Jahrhunderte mehr auf dem Buckel hat. An der Stelle, an der heute die St.-Peter-Paul-Kirche steht, zeugen Fundamente einer Kirche aus der Zeit zwischen 800 und 900 davon.

Der Ort ist vor allem durch die 1849 von **Ludwig Harms** (1808–1865) gegründete evangelisch-lutherische Missionsanstalt Hermannsburg, die später zur **Hermannsburger Mission** wurde, bekannt. Von dem kleinen Ort in der Südheide brachen Missionare in die ganze Welt auf, um ihren Glauben zu verbreiten. Ziele waren u. a. Südafrika, Australien, Neuseeland, Nordamerika, der heutige Iran, Brasilien und Äthiopien. 1977 ging die Hermannsburger Mission in das Evangelisch-lutherische Missionswerk in Niedersachsen (ELM) über. Es ist Teil eines großen Netzwerkes, das mit Kirchen in 19 Ländern auf mehreren Kontinenten zusammenarbeitet und vor allem in Afrika, Lateinamerika und Indien Projekte begleitet und finanziert.

Ausbildungsstätte der Missionare war das im Ortskern liegende **Ludwig-Harms-Haus.** Heute wird es als Veranstaltungs- und Ausstellungs-

060ml-hpe

Blick in die St.-Peter-Paul-Kirche in Hermannsburg

zentrum genutzt. In der Dauerausstellung erhält man einen Einblick in die Geschichte der Mission. Darüber hinaus gibt es ein Café, eine Buchhandlung und einen Weltladen mit fair gehandelten Produkten. Wer will, kann im Ludwig-Harms-Haus sogar übernachten.

128 **Ludwig-Harms-Haus,** Harmsstr. 2, 29320 Hermannsburg, https://ludwig-harms-haus.de, Mo–Fr 9–18, Sa 9–12.30 Uhr, Eintritt frei

Sehenswert ist die erst im vorigen Jahrhundert vollständig erneuerte und erweiterte **St.-Peter-Paul-Kirche** im Norden des Zentrums. Sie ist mit ihren sechs Seitenschiffen und dem als Dachreiter ausgebildeten Glockenturm für die Region sehr ungewöhnlich. Von dem ursprünglichen Bau aus dem 14. Jh. sind nur noch die spätgotischen Fensterbögen im Chor erhalten.

Nicht zu übersehen ist der 52 m hohe Turm der 1878/1879 errichteten **Großen Kreuzkirche,** die sich nur wenig nördlich der St.-Peter-Paul-Kirche befindet. Hier lohnt sich ein Blick in das Innere, in dem 1000 Menschen Platz finden. Das Kirchenschiff mit seiner schönen Holzdecke hat keine tragenden Säulen und gehört zu den größten freitragenden Holzkirchenschiffen Europas.

Das **Hermannsburger Heimatmuseum** geht auf einen 1909 gegründeten Museumsverein zurück. Heute wird es von einem Förderkreis ehrenamtlich geführt. Zu sehen sind neben einer Sammlung alter Schränke und Truhen weitere Gegenstände des täglichen Lebens aus früheren Zeiten. Auf dem Außengelände gibt es einen historischen Lehmbackofen, einen Bienenzaun und mehrere Speicher aus dem 17. Jh. und 18. Jh.

129 **Heimatmuseum Hermannsburg,** Harmsstr. 3a, 29320 Hermannsburg, Tel. 05052 1302, https://heimatbund-hermannsburg.de, April–November So 15–17 Uhr oder nach telefonischer Absprache, Eintritt frei, Spenden sind willkommen

Jedes Jahr im Mai findet im Örtzepark, der sich gleich nördlich der Brücke über die Örtze im Zentrum befindet, eines der größten **Oldtimertreffen** in Norddeutschland statt. Neben historischen Personenwagen werden auch Nutzfahrzeuge, Traktoren, Motorräder und vieles mehr vorgeführt.

Östlich von Hermannsburg befindet sich das **Naturschutzgebiet Heideflächen Mittleres Lüßplateau,** das aus drei räumlich getrennten Gebieten besteht und zahlreiche Wandermöglichkeiten bietet. Mittendrin liegt an der Straße nach Unterlüß das kleine Dorf Lutterloh. Hier ist der alte **Treppenspeicher** sehenswert. Er wurde 2020 aufwendig restauriert und als Touristikzentrum mit der Multimedia-Ausstellung „Federwesen – Faszinierende Vogelwelt der Südheide" eingerichtet.

130 Treppenspeicher Lutterloh, Weesener Weg, 29345 Südheide, täglich rund um die Uhr geöffnet, Eintritt frei

Weitere Aktivitäten

Wer sich auf eine kurze Pilgerschaft begeben möchte, kann das auf dem **Friedensort2Go-Weg** tun (https://friedensort2go.de). Der ca. 4 km lange Weg verbindet sechs Stationen, die sich mit dem Thema Frieden auseinandersetzen. Start ist am Ludwig-Harms-Haus. Dort gibt es auch einen Flyer zum Weg.

Darüber hinaus verläuft der **Heidschnuckenweg** durch Hermannsburg. Der Wanderparkplatz Misselhorner Heide an der nach Unterlüß führenden Straße ist Start und Ziel der **Heideschleife Misselhorner Heide** rund um den Eicksberg. Der 8 km lange Wanderweg führt u. a. ins Tiefental und bietet eine eindrucksvolle Naturkulisse. Hier hat Pastor Harms gepredigt und Missionsfeste abgehalten.

Radfahrer können auf der **Großen Heidetour,** einer knapp 40 km langen Rundtour, die schönsten Heideflächen im Naturpark Südheide erleben. Weitere Informationen zu Wanderungen und Radwegen findet man im Kapitel Müden (Örtze) 31.

Die Örtze kann bei genügendem Wasserstand vom 16. Mai bis 14. Oktober zwischen 9 und 18 Uhr mit **Kanus und Kajaks** befahren werden (s. S. 84).

Infos und Reisetipps

131 Tourist Information Hermannsburg, Am Markt 3, 29320 Hermannsburg, Tel. 05052 6574, https://hermannsburg-urlaub.de, Ostern–Oktober Mo–Fr 9–12, 15–17 Uhr, August und September auch So 10–12 Uhr, ansonsten nur Mo–Fr 10–12 Uhr

› **Anfahrt:** Mit dem Bus der Gesellschaft CeBus von den Bahnhöfen in Celle (Linie 200 und 210) und Unterlüß (Linie 260) oder mit dem Bürgerbus Hermannsburg von Unterlüß, der allerdings nur fünf Fahrten am Tag hat und am Wochenende gar nicht verkehrt. Mit dem Pkw erreicht man Müden am besten über die Autobahn A7, Ausfahrt Soltau Süd. Dann fährt man über die Bundesstraße B3 nach Bergen und weiter über Wohlde und Beckedorf bis Hermannsburg.

Essen und Trinken

132 Ohlendorfs Gasthaus €€€, Welfenstr. 2, 29320 Hermannsburg, Tel. 05052 9124567, https://ohlendorfs-gasthaus.de. Im Restaurant gibt es ausgesprochen leckeres Essen (auch vegetarisch) zu angemessenen Preisen.

Gedenkstein für Margot und Anne Frank auf dem Friedhof der Gedenkstätte Bergen-Belsen

Einkaufen

133 **Hofladen Dornhoff**, Am Alten Dorf 27, 29320 Hermannsburg, Tel. 05052 2222, https://hofladen-dornhoff.de, Hofladen während der Spargelsaison tgl. von 8–18 Uhr, ansonsten tgl. SB-Laden von 8–20 Uhr (Barzahlung auf Vertrauensbasis). In der Spargelsaison wird natürlich Spargel angeboten, ansonsten bekommt man Kartoffeln, Kürbis, Käse, Marmelade, Eier, Hähnchen und vieles mehr. Die Hähnchen werden auf dem Hof möglichst ohne den Einsatz von Antibiotika im Futter aufgezogen.

› **Weltladen im Ludwig-Harms-Haus** (s. S. 87), Tel. 05052 4329988, https://ludwig-harms-haus.de/weltladen-gemeindebedarf/weltladen. Der Laden bietet eine reiche Auswahl an fair gehandelten Produkten aus Entwicklungs- und Schwellenländern. Kaffee, Tee, Wein, Schokolade sowie Kleidung, Tücher und Taschen. Darüber hinaus gibt es Lederwaren, Musikinstrumente und Körbe und einiges mehr.

34 Gedenkstätte Bergen-Belsen [D7]

Auch wenn sie nicht unbedingt zu einem fröhlichen, unbeschwerten Urlaub passt, darf die KZ-Gedenkstätte Bergen-Belsen in einem Reiseführer über die Heide nicht fehlen. Entstanden ist das Lager aus Baracken, die bis zum Beginn des Zweiten Weltkriegs von Bauarbeitern bewohnt wurden, die den Truppenübungsplatz Bergen errichtet hatten. Nach Kriegsbeginn 1939 wurde es von der Wehrmacht als Kriegsgefangenenlager genutzt. 1943 übernahm die SS einen Teil des Geländes und brachte dort unter menschenunwürdigen Bedingungen Juden, Sinti und Roma und andere Gefangene unter.

061ml-hpe

Genaue Zahlenangaben über Häftlinge und Todesopfer gibt es nicht. Man geht aber davon aus, dass von den insgesamt etwa 120.000 Häftlingen etwa 50.000 umgekommen sind. Unter den prominentesten Opfern waren die aus den Niederlanden deportierten jüdischen Schwestern **Margot und Anne Frank.** Letztere wurde durch ihr nach dem Krieg erschienenes Tagebuch weltweit bekannt.

Schon ein Gang über das **Freigelände** mit den Gedenkstätten und den vielen Massengräbern lässt einen mit der Frage zurück, wie im 20. Jh. in einer mehr oder weniger zivilisierten Gesellschaft Menschen anderen so etwas antun konnten. Noch bedrückender wird es, wenn man dem **Dokumentationszentrum** mit seiner Dauerausstellung einen Besuch abstattet (für Personen unter 14 Jahren nicht geeignet).

› **Gedenkstätte Bergen-Belsen,** Anne-Frank-Platz, 29303 Lohheide, Tel. 05051 47590, https://bergen-belsen.stiftung-ng.de, Oktober–März 10–17, April–September 10–18 Uhr, Eintritt frei
› **Anfahrt:** Mit dem Bus (Linien 100, 110 und 900) von Celle. Mit dem Pkw auf der A7 von Norden kommend Ausfahrt Soltau-Süd, von Süden Ausfahrt Mellendorf und weiter auf der A352. Die Gedenkstätte ist ab den Ausfahrten ausgeschildert. Von Hermannsburg erreicht man die Gedenkstätte mit dem Pkw über Bergen nach ca. 15 km.

35 Bad Bevensen ★★ [F5]

Bad Bevensen liegt in der östlichen Lüneburger Heide umgeben von bewaldeten Höhenzügen im Tal der Ilmenau. Die Region war schon früh besiedelt. Bereits aus der Steinzeit lassen sich Siedlungsspuren nachweisen. In der Karolingerzeit (etwa 750–900 n. Chr.) entwickelte sich der Ort zu einem größeren Handelsplatz, gute Voraussetzungen dafür bot die Ilmenau, die bis hierhin schiffbar war. 1790 und 1811 zerstörten verheerende Feuer den gesamten Ort. Daraufhin wurde die Stadt mit einem neuen Grundriss wieder aufgebaut. Die Altstadt des Kurorts ist daher, verglichen mit anderen Städten in der Lüneburger Heide, noch sehr jung und „nur" etwas mehr als 200 Jahre alt.

Obwohl schon um 1900 die ersten Touristen in den Ort kamen, nahm die rasante Entwicklung zu einem der heute führenden **Heilbäder** Norddeutschlands und dem einzigen in der Lüneburger Heide erst ab 1964 ihren Lauf, als eine Thermalquelle entdeckt wurde. 1968 wurde dann eine eisen- und jodhaltige Thermalsohle erschlossen. 1975 folgte die staatliche Anerkennung als Mineralheilbad und seit 1976 darf sich der Ort mit dem Beinamen „Bad" schmücken.

Zentrum des Kurbetriebs ist die östlich der Ilmenau liegende **Jod-Sole-Therme** mit großzügigen Wasser- und Saunalandschaften und dem Spa & Vital Center, in dem man mit Massagen und weiteren Wohlfühlangeboten verwöhnt wird. Von der Therme sind es nur wenige Schritte in den ca. 18 ha großen, wunderschönen **Kurpark**, der direkt an der Ilmenau liegt und in weiten Teilen naturnah gestaltet ist. Hier findet man ein Kneipp-Becken, einen Schau- und Lehrbienenstand und vieles mehr.

Der Park verbindet das Kurviertel im Osten mit der **Altstadt** im Westen, in die man am besten über die Fußgängerbrücke (Brückenstraße) im Süden des Kurparks gelangt. Einige wenige Häuser stammen noch aus der Zeit vor den großen Bränden, so z. B. das Wohnhaus in der Bergstr./Ecke Bäckerkamp, das um 1608 erbaut wurde. Auch das ehemalige Handelshaus im Bäckergang wurde schon 1683 errichtet. Eines der schönsten Häuser steht an der Ecke Lüneburger Str./Krummer Arm am Ende der Fußgängerzone: Die schmucke Ratsapotheke wurde 1798 erbaut.

Die evangelisch-lutherische **Dreikönigskirche** auf dem Kirchplatz prägt das Stadtbild. Schon im frühen 9. Jh. befand sich an dieser Stelle eine fränkische Taufkapelle und danach gab es hier noch zwei weitere Gotteshäuser. Die heutige Kirche, ein einschiffiger Backsteinbau, wurde nach dem Brand von 1811 errichtet.

Am südlichen Stadtrand, zwischen Ilmenau und dem Elbe-Seitenkanal, liegt die **Klein Bünstorfer Heide.** Das Areal ist ein lohnendes Ziel für ausgedehnte Spaziergänge, und das nicht nur zur Zeit der Heideblüte, denn hier kann man einen der größten frühgeschichtlichen Bestattungsplätze in der Lüneburger Heide sehen. Insgesamt 59 **Hügelgräber aus der Bronzezeit** gibt es zu entdecken.

⊲ Der Neptun-Brunnen im Kurpark von Bad Bevensen

Gut 1 km nördlich der Stadt befindet sich das **Kloster Medingen.** Das evangelische Damenstift besteht seit Mitte des 16. Jh. Das heutige Gebäude wurde 1787 eingeweiht, nachdem der Vorgängerbau durch ein Großfeuer vernichtet wurde. Besonders eindrucksvoll ist der 40 m hohe, spätbarocke Turm mit seinem grünen Kupferhelm. Das Kloster kann im Rahmen einer Führung besichtigt werden.

Besondere Feste in der Stadt sind das **Schützenfest** der über 800 Jahre alten Schützengilde, das am zweiten Wochenende nach Pfingsten gefeiert wird, und das **Heidekartoffelfest** an einem Sonntag im September, das seit 2009 stattfindet und damit im Vergleich noch recht jung ist. Höhepunkt des Fests ist die Krönung der Heidekartoffelkönigin mit dem anschließenden Festumzug durch die Stadt. Begleitet wird das Ganze von einem bunten Rahmenprogramm. Schon in der Woche davor finden zahlreiche Aktivitäten rund um das Thema Kartoffel statt.

S134 Jod-Sole-Therme, Dahlenburger Str. 3, 29549 Bad Bevensen, Tel. 05821 5776, https://jod-sole-therme.eu, Mo–Sa 9–22, So und feiertags 9–20 Uhr, Erw. 2 Std. 12 €, 3 Std. 15 €, Tageskarte 20 €, Kinder und Jugendliche bis 16 Jahre 8,50/12,50/16,50 €

i135 Kloster Medingen, Klosterweg 1, 29549 Bad Bevensen, Tel. 05821 2286 oder Tel. 0151 59140472, https://kloster-medingen.de, Führungen April–Mitte Oktober Di–So 14 Uhr, Erw. 5 €, erm. 2 €, bis 14 Jahren frei

Weitere Aktivitäten

Wanderern bieten sich rund um Bad Bevensen zahlreiche Möglichkeiten, ihrem Hobby nachzugehen, darunter ist auch der knapp 1 km lange, barrierefreie **Rollstuhlwanderweg.** Die 9,5 km lange Rundtour **Schöne Aussicht** führt entlang des Elbe-Seitenkanals in die Klein Bünstorfer Heide. Auf der 6 km langen Rundtour **Romantische Sängershöh** erwandert man die Laub- und Nadelwälder, die das Ilmenautal säumen. Darüber hinaus gibt es noch eine Reihe weiterer Wanderwege in der Region. Informationen und detailliertes Kartenmaterial gibt es in der Tourist-Information.

Für Radfahrer ist der bestens beschilderte **Ilmenauradweg** ein besonderes Highlight. Rund 120 km geht es von den beiden Quellflüssen bei Uelzen bis zur Mündung in die Elbe bei Hoopte östlich von Hamburg. Darüber hinaus gibt es rund um Bad Bevensen sieben ausgeschilderte Rundtouren, die zwischen 21 und 68 km lang sind. Auch dazu hält die Tourist-Information umfangreiches Informations- und Kartenmaterial bereit. Als besonderen Service gibt es dort ein **Fahrradreparaturset** für kleinere Reparaturen zum selbst Erledigen.

Geführte Stadtrundgänge organisiert die Tourist-Information jeden Samstag ab 14 Uhr (außer im Dezember). Der Treffpunkt ist an der Tourist-Information am Kurhaus (s. S. 93). Dort können auch **Rikschas** für vier Personen ausgeliehen werden.

Im **Rosenbad** kann man ins kühle Nass springen. Das Freibad mit 50-Meter-Bahnen und einer Riesenrutsche liegt im Norden des Kurparks auf der Westseite der Ilmenau.

Die träge dahinfließende Ilmenau bietet sich zum **Paddeln** und **Tretbootfahren** an. Die entsprechenden Boote werden am Minigolfplatz neben dem Rosenbad vermietet. Für **Kanutouren** auf der Ilmenau zwischen Uelzen und Lüneburg (verschiedene Ein- und Ausstiegsstellen) wendet man sich am besten an **Kanu aktiv.** Bei dem Bootsvermieter bekommt man auch Streckenempfehlungen oder man kann an geführten Touren teilnehmen.

› **Minigolf am Rosenbad,** Eckermannstr. 6, 29549 Bad Bevensen, Tel. 05821 41720, https://minigolf-bad-bevensen.de, Öffnungszeiten und Preise s. Website

Heidekartoffel

Die Lüneburger Heide hat als kulinarische Spezialitäten nicht nur Honig und Lammbraten zu bieten, sondern auch die ganz profane Kartoffel. Das bedeutendste Anbaugebiet der beliebten Knolle in Deutschland befindet sich in der Lüneburger Heide. Von hier stammen etwa 40 % aller deutschen Kartoffeln.

Die Kartoffeln aus der Heide sollen, wie uns ein Landwirt glaubhaft versicherte, geschmacklich die besten weit und breit sein. In den hellen, lehmigen Sandböden findet das „Gold der Heide" beste Wachstumsbedingungen und rund um Bad Bevensen muss man sich nicht mit einer Handvoll Sorten begnügen: Hier wachsen weit über 100 Sorten in verschiedenen Geschmacksrichtungen, Formen und Farben.

Wer mehr als Salz-, Brat- und Pellkartoffeln aus der Knolle machen will, findet interessante Rezepte (z. B. Kartoffelbrötchen, Kartoffel-Haselnuss-Torte oder Bärlauch-Kartoffelbrot) unter https://bad-bevensen.de/lueneburger-heide-erkunden/heide-spezialitaeten/die-heidekartoffel-die-lokale-spezialitaet.

•136 **Kanu aktiv,** Kirchplatz 4 (Eingang von der Niendorfer Str.), 29553 Bienenbüttel, Tel. 0179 2178999, www.kanuaktiv.de

S137 **Rosenbad,** Eckermannstr. 6, 29549 Bad Bevensen, Tel. 05821 2950, im Sommer Di-So 10-19 Uhr, Mi bis 20 Uhr, Erw. 3 €, Kinder 1,50 €

Infos und Reisetipps

ℹ138 **Tourist-Information am Kurhaus,** Dahlenburger Str. 1, 29549 Bad Bevensen, Tel. 05821 976830, https://bad-bevensen.de, April-Oktober Mo-Fr 9-17.30, Sa, So und feiertags 9.30-17 Uhr, November-März Mo-Fr 9-16.30, Sa, So und feiertags 9.30-14 Uhr

ℹ139 **Tourist-Information im Bahnhof,** Am Bahnhof 6, 29549 Bad Bevensen, Tel. 05821 4049000, https://bad-bevensen.de, ganzjährig Mo-Fr 7-16, Sa 9-14 Uhr

› **Anfahrt:** Bad Bevensen liegt an der Bahnstrecke Hamburg - Uelzen - Celle, von wo man weiter nach Hannover kommt. Mit dem Pkw erreicht man die Stadt am besten von Lüneburg oder Uelzen auf der Bundesstraße B4.

Essen und Trinken

Jeden Monat kreieren einige Bevenser Restaurants das Kartoffelgericht des Monats, kreative Gerichte, bei denen die Kartoffel im Mittelpunkt steht. So auch das nahe am Kirchplatz gelegene historische Gasthaus.

140 **Anno 1825**€€, Kirchenstr. 6, 29549 Bad Bevensen, Tel. 05821 2455, https://anno1825.de. Gute bodenständige Küche mit frischen Zutaten aus der Region, u. a. Wild- und Heidschnuckengerichte.

Einkaufen

141 **Kartoffel Vielfalt**, Ebstorfer Str. 1, 29576 Barum, Tel. 05806 304, https://kartoffelvielfalt.de, Mo-Fr 8-12 und 12.45-17 Uhr. Der Bioland Kartoffelhof der Familie Ellenberg bietet eine fast unüberschaubare Fülle verschiedenster Sorten. Auf etwa 80 ha werden über 100 alte, schon fast vergessene Sorten angebaut. Wer von der Einheitsware aus dem Supermarkt weg und ein richtiges Geschmackserlebnis haben will, wird hier fündig. Der Hof liegt ca. 3 km südwestlich von Bad Bevensen in Barum. Wer dort nicht hinkommt, kann die Kartoffeln auch im Internet bestellen.

142 **Wochenmarkt,** Kirchplatz, Fr und Sa 9-13 Uhr

Die Ilmenau bildet die westliche Grenze der Klein Bünstorfer Heide südlich von Bad Bevensen

063ml-hpe

064ml-hpe

36 Uelzen ★★ [F5]

Die Hansestadt Uelzen liegt östlich des Kerngebiets der Lüneburger Heide an der Ilmenau und am Elbe-Seitenkanal. Die 35.000 Einwohner zählende Stadt wurde um 1250 gegründet, eine erste schriftliche Erwähnung, die Stadtrechtsurkunde, stammt aus dem Jahr 1270.

Weit über die Region hinaus bekannt ist die Stadt wegen ihres kunstvoll gestalteten **Hundertwasser-Bahnhofs.** Ursprünglich 1847 erbaut, wurde er im Rahmen eines Expo-2000-Projekts nach Ideen des österreichischen Künstlers Friedensreich Hundertwasser umgestaltet und als „Umwelt- und Kulturbahnhof" konzeptioniert. Mit seiner bunten Fassade, den wellenförmigen Dächern und vielen fantasievollen Details im Innern lädt der Bahnhof zu einem Besuch ein und ist nicht nur ein Knotenpunkt für Reisende, sondern auch ein eindrucksvolles architektonisches Kunstwerk. Der **Verein Bahnhof 2000** bietet Führungen durch den Bahnhof an. Im Kunstraum im Nordkopf des Empfangsgebäudes ist die Ausstellung „MORE ABOUT HUNDERTWASSER" sehenswert.

Vom Bahnhof führt der **Weg der Steine** direkt in die Altstadt Uelzens. Die 21 bunt bemalten Felsen sind nicht zu übersehen und wurden von der schwedischen Künstlerin Dagmar Glemme gestaltet.

Die mittelalterliche Altstadt der Hansestadt ist von gut erhaltenen Fachwerkhäusern und historischen Gebäuden im Stil der nordischen Backsteingotik geprägt. Die gepflasterten Straßen laden zum Bummeln und Entdecken ein. In der Touristeninformation erhält man Prospekte und Flyer, darunter auch einen zu einem Rundgang durch die historische Innenstadt, der am Rathaus beginnt, zum **Gildehaus**, einem gotischen Backsteinbau aus dem 15. Jh. mit reich verziertem Giebel, und weiter zur **St. Marienkirche** führt.

Die 1292 erbaute Kirche mit ihrem 86 m hohen Turm ist ein beeindruckendes gotisches Bauwerk und einen Besuch wert. Im Innern gibt es zahlreiche sakrale Kunstwerke zu entdecken, darunter das **Goldene Schiff**, das als Wahrzeichen der Stadt gilt. Die

Der Hundertwasser-Bahnhof in Uelzen

Herkunft und ehemalige Verwendung des aus vergoldetem Kupferblech gefertigten und mit Halbedelsteinen besetzten Schiffs ist bis heute ungeklärt. Es sind Turmführungen bis zu den Glocken und dem hölzernen Dachgewölbe möglich (Termine kann man unter Tel. 0581 5115 erfragen).

Gegenüber vom Haupteingang der Kirche steht die **Probstei.** Ihr Giebel mit den glasierten Backsteinen entstand in der ersten Hälfte des 15. Jh. Auf der Nordseite der Kirche befindet sich das **Uhlenköper-Denkmal.** Wer genau hinschaut, sieht, dass das Geldstück in der Hand des Kaufmanns vom vielen Anfassen blank gescheuert ist. Nicht nur die Uelzener glauben, dass man immer über genug Geld verfügt, wenn man das Geldstück berührt und mit der anderen Hand mit Kleingeld in der Tasche klimpert. Bei uns hat das leider noch nie funktioniert.

Am Alten Rathaus vorbei geht es in die Lüneburger Straße, wo eine gut erhaltene Fachwerkzeile zu sehen ist. Links in die Bahnhofstraße abbiegend passiert man die **Ratsweinhandlung** (s. S. 98) mit ihrer prächtigen Renaissancefassade. An der Kreuzung mit der Ringstraße sind ein klassizistisches Fachwerkhaus und das historische **Kaiserliche Postamt** aus dem Jahr 1896 zu sehen.

Über die Ring- und Hoefftstraße geht es in die Achterstraße, wo es gegenüber zweier schöner Fachwerkhäuser, ehemaligen Speichern, in die Gasse Hannemann'sche Twiete geht. Über den Hof einer ehemaligen Brauerei und weiter durch einen schmalen Zugang geht es auf der Lüneburger Straße links. Vorbei an weiteren Fachwerkhäusern wird die **Heilig-Geist-Kapelle** erreicht. Der gotische Bau mit seiner sehenswerten Back-

Friedensreich Hundertwasser

Friedensreich Hundertwasser Regentag Dunkelbunt, 1928 in Wien als Friedrich Stowasser geboren, war ein bedeutender österreichischer Künstler, der für seinen einzigartigen und farbenfrohen Stil bekannt war. Er war vorrangig als Maler aktiv und schuf zahlreiche Bilder und grafische Werke. Die größte Bekanntheit erlangten allerdings die von ihm erschaffenen Bauwerke. Seine Gebäude, darunter Wohnhäuser, Museen und öffentliche Einrichtungen, sind oft durch unregelmäßige Formen – er war zeitlebens Gegner gerader Linien – und bunte Fassaden gekennzeichnet. Er war stark von der Natur inspiriert und glaubte, dass Architektur im Einklang mit ihr stehen sollte. Der Einsatz natürlicher Materialien wie Gras, Bäume und anderer Pflanzen war ihm daher sehr wichtig. Er sprach sich gegen die Uniformität der modernen Architektur aus und war ein Verfechter fantasievoller, lebendiger Bauweise.

Hundertwasser war ein konsequenter Kämpfer für Umweltschutz und Nachhaltigkeit. Er sprach sich gegen Atomkraft aus und engagierte sich als Umweltaktivist. Zudem lehnte er die Massenproduktion ab, da er der Meinung war, dass sie die individuelle Kreativität und Schönheit in der Welt zerstöre.

Hundertwasser starb im Jahr 2000. Seine Philosophie und der einzigartige Stil seiner Werke haben noch heute Einfluss auf die Kunst- und Architekturwelt und sein Engagement für Nachhaltigkeit und Umweltschutz ist in der Gegenwart zunehmend relevant.

steinfassade wird erstmals im Jahre 1321 erwähnt. Die farbenprächtigen Glasfenster, die um 1420 entstanden und zunächst für eine andere Kapelle angefertigt wurden, gehören zu den größten Kunstschätzen Uelzens.

Vor der Straße Am Taterhof geht es rechts in die Mäusetwiete, in der man am ältesten Fachwerkhaus der Stadt vorbeikommt und schließlich am **Schnellenmarkt**, dem einzigen Platz der Altstadt, landet. Hier wurden vom Mittelalter bis ins 20. Jh. Märkte abgehalten, an die der Schnellenbrunnen in der Mitte des Platzes erinnert.

Weiter durch die Schmiedestraße geht es an der Gudestraße links und über die Ilmenau, an deren Ostufer ein kleines Torwärterhaus steht. Kurz hinter der Brücke sollte man noch einen Blick auf die sich rechts befindende **Gertrudenkapelle** werfen. Die Anfang des 16. Jh. gebaute Stiftskirche stand einst außerhalb der Stadtmauern und diente sowohl als Gotteshaus wie auch als Unterkunft für Reisende, die es vor Toreschluss nicht mehr in die Stadt geschafft hatten. Wenige Schritte zurück geht es auf einem schönen Spazierweg am Ratsteich entlang wieder zurück zum Ausgangspunkt.

Wer die Stadt nicht auf eigene Faust erkunden möchte, kann sich einer von mehreren Themenführungen anschließen, die man bei der Touristeninformation buchen kann.

Südlich der Altstadt befindet sich das **Theater an der Ilmenau.** Das moderne Gebäude ist mit 800 Plätzen eines der größten Gastspieltheater Norddeutschlands und bietet ein abwechslungsreiches Programm (Tickets und Programm über die Touristeninformation).

Anfang Juni findet der traditionelle vierzehntägige **Weinmarkt** statt, das älteste und längste Weinfest Norddeutschlands. Bei Livemusik gibt es rund um den Kirchplatz an der St.-Marien-Kirche verschiedene Winzerweine zu verkosten.

Seit 2008 findet jeden Sommer in der Almased Arena das **OPEN R Festival** statt (https://openrfestival.de). Es ist das größte Musikereignis in der Lüneburger Heide. An drei Tagen werden deutsche und internationale Musikgrößen präsentiert.

Östlich der Stadt verläuft der **Elbe-Seitenkanal.** Der Uelzener Hafen am Kanal hat Platz für Binnenschiffe mit einer Länge von bis zu 200 m. Über den künstlichen Wasserlauf ist Uelzen mit den Seehäfen in Hamburg und Lübeck verbunden. Bei Esterholz (Richtung Wittingen) etwas südlich von

Die Geschichte vom Uhlenköper

Vor langer Zeit kam ein Bauer mit einem Sack voller zappelnder Vögel in die Stadt. Ein Kaufmann wurde neugierig und fragte ihn, was er denn darin hätte. „Barftgaans" antwortete der Bauer und meinte damit ins Hochdeutsche übersetzt Barfußgeher. Der Händler verstand aber Barkhahns (Birkhähne), witterte ein lukratives Geschäft und kaufte dem Bauern die Vögel für einen guten Preis ab.

Als der Kaufmann zu Hause den Sack öffnete, musste er zu seinem Entsetzen feststellen, dass er statt wertvoller Birkhähne wertlose Eulen gekauft hatte. Er verklagte den Bauern, verlor aber den Prozess, weil der Bauer eindeutig Barftgaans verkauft hatte und niemand abstreiten könne, dass Eulen barfuß gingen. Seither werden die Uelzener spöttisch Uhlenköper (Eulenkäufer) genannt.

Uelzen befindet sich die **Schleusengruppe Uelzen.** Die imposante Doppelschleuse hat eine Hubhöhe von 23 m und gehört zu den größten Binnenschifffahrtsschleusen Deutschlands. Die nach achtjähriger Bauzeit fertig gestellte Schleuse II ist nach den Schleusen des Panama-Kanals die größte Sparschleuse der Welt. Von einer Aussichtsplattform hat man einen guten Überblick über die Anlage und man findet dort interessante Informationstafeln. Die Schleusen sind ganzjährig 24 Stunden zu besichtigen. Nahebei kann man im Café/Restaurant Zur Esterholzer Schleuse (s. S. 98) einkehren.

★143 **Hundertwasser-Bahnhof,** Friedensreich-Hundertwasser-Platz 1, 29525 Uelzen, Verein Bahnhof 2000 Tel. 0581 3890489 und Tel. 0178 3753230, http://hundertwasserbahnhof.de, Öffnungszeiten Kunstraum Do, Fr 10–14, Sa, So 10–16 Uhr

★144 **Schleusengruppe Uelzen,** Schleuse Esterholz 1, 29559 Wrestedt

KURZ & KNAPP

Sparschleuse

Normalerweise fließt das Wasser beim Entleeren einer Schleusenkammer einfach ins Unterwasser ab und ist dadurch verloren. Beim Füllen der Schleusenkammer wird das Wasser dann aus dem Oberwasser entnommen. Das Wasser fehlt nun in der oberen Haltung. Das ist in der Regel kein Problem, solange immer wieder genügend Wasser in die obere Haltung nachfließt. Ohne ausreichenden Zufluss würde aber im Laufe der Zeit der Wasserstand im Oberwasser immer mehr sinken und das Gewässer wäre nicht mehr schiffbar. Dagegen wird bei einer Sparschleuse das Wasser beim Entleeren der Schleusenkammer in große, separate Becken gepumpt, aus denen dann bei der Bergschleusung das Wasser wieder in die Schleusenkammer zurückgepumpt wird. Das Wasser bleibt damit dem Kanal-Schleusen-System erhalten.

Weitere Aktivitäten

Uelzen ist idealer Ausgangspunkt für kürzere oder längere Radtouren. Die Stadt liegt am 120 km langen **Ilmenauradweg** (https://lueneburger-heide.de/natur/tour/4505/ilmenauradweg-auf-der-spur-der-natur-120-km.html, kostenlose Karte beim ADFC), der von Hoopte an der Elbe bis nach Bodenteich führt, und am 161 km langen **Hanse Wendland Rundweg** (https://region-wendland.de/aktivität/hanse-wendland-radweg), der in Uelzen beginnt und endet.

Wer Tagestouren in der Region plant, dem seien die folgenden Radwanderkarten empfohlen: ADFC-Radreiseregion Uelzen (1:75.000) und Rad- und Wanderkarte Heideregion Uelzen (1:60.000).

Auch **Wanderer** kommen in und um Uelzen auf ihre Kosten. Mehr als 30 Wanderwege und spannende Erlebnispfade stehen zur Verfügung. Eine Broschüre kann man kostenlos unter https://shop.heideregion-uelzen.de/Wander-und-Erlebnispfade/SW10102 bestellen.

Die Ilmenau, der größte Fluss der Lüneburger Heide, eignet sich auch für Paddelanfänger. Sie entsteht etwas südlich von Uelzen durch den Zusammenfluss von Gerdau und Stederau, fließt durch Uelzen und weiter über Bad Bevensen, Bienenbüttel, Lüneburg und Winsen, wo sie kurz darauf in die Elbe mündet. Der Fluss ist auf den meisten Abschnitten mit **Paddelbooten** befahrbar. Informationen und Bootsverleih unter https://heide-kanu.de.

Infos und Reisetipps

145 Stadt- und Touristinformation, Rathaus, Herzogenplatz 2, 29525 Uelzen, Tel. 0581 8006172, https://kts-uelzen.de/tourismus, Mo–Fr 9–17, Sa 9–13 Uhr.

› **Anreise:** Mit der Bahn zum Hundertwasser-Bahnhof Uelzen, wo auch IC-Züge halten. Mit dem Pkw von Norden und Süden über die B4, von Westen und Osten über die B71 oder von Osten über die B191. Vom 1. Mai bis zum 31.10. verkehren zwischen 9 und 20 Uhr im Großraum um Uelzen auf verschiedenen Linien die sog. **Freizeitbusse,** die auch Platz für eine begrenzte Anzahl an Fahrrädern haben. Infos unter https://dbregiobus-nord.de/angebot/freizeitverkehre/freizeitbus-uelzen.

Essen und Trinken

146 Zur Esterholzer Schleuse €, Schleuse Esterholz 1, 29559 Wrestedt, Tel. 05802 9479702, https://zur-esterholzer-schleuse.metro.bar, Fr–So und an Feiertagen. Sehr kleine Karte, aber schmackhafte, preiswerte Gerichte und Kuchen. Vom Außenbereich hat man einen schönen Blick auf die Schleusenanlage.

Einkaufen

147 Ratsweinhandlung Uelzen, Bahnhofstraße 42, 29525 Uelzen, Tel. 0581 2483, https://ratsweinhandlung.com. Für Genießer edler Tropfen lohnt sich ein Besuch in der Ratsweinhandlung in unmittelbarer Nähe der St.-Marien-Kirche. Im Gewölbekeller der Ratsweinhandlung finden regelmäßig Weinproben, Gin- und Whisky-Tastings sowie Genussseminare statt.

Im Celler Schlosspark, im Hintergrund das Herzogsschloss

37 Celle ★★★ [D7]

Celle, das Tor zur Südheide, lockt den Besucher mit einem beeindruckenden Renaissanceschloss, mehreren Museen und einer historischen Altstadt, deren etwa 500 aufwendig restaurierte und denkmalgeschützte Fachwerkhäuser das größte geschlossene Ensemble dieser Art in Europa bilden.

Die Kreisstadt Celle hat ca. 70.000 Einwohner. Sie liegt etwa 40 km nordöstlich von Hannover im Urstromtal der Aller. Urkundlich erwähnt wird der Ort erstmals 993. Im 11. Jh. wuchs Celle, das an der Aller einen Zoll- und Handelsplatz hatte, stetig an und erhielt das Münz- sowie 1301 das Stadtrecht.

Ende des 14. Jh. wurde die Stadt Residenz der Herzöge von Sachsen-Wittenberg, im 15. Jh. wurden sie durch die **Fürsten von Lüneburg** abgelöst. 1705 verstarb der letzte Fürst von Lüneburg und vererbte das Fürstentum samt seiner Celler Residenz seinem Neffen Georg Ludwig, der später als Georg I. König von Großbritannien wurde (Regierungszeit 1714–1727). Celle gehörte nun zum **Kurfürstentum Braunschweig-Lüneburg,** verlor aber seinen Status als Residenzstadt. Als Ersatz erhielt die Stadt im Laufe der Zeit einige Verwaltungseinrichtungen, ein Zuchthaus und das Landesgestüt, womit die Entwicklung zu einer **Beamten- und Juristenstadt** begann. Heute sind dort u. a. noch das Landessozialgericht Niedersachsen-Bremen, das Oberlandesgericht Celle, die Justizvollzugsanstalt Celle und das Niedersächsische Landesgestüt ansässig.

Celle wird nicht ohne Grund auch als **Fachwerkstadt** bezeichnet. Die **historische Altstadt** besteht nahezu vollständig aus aufwendig restaurierten, z.T. denkmalgeschützten Fachwerkhäusern aus dem 16., 17. und 18. Jh. Dabei handelt es sich um das größte zusammenhängende Fachwerkensemble Europas. Bei einem Bummel durch die gepflasterten, engen Gassen fühlt man sich um Jahrhunderte zurückversetzt.

Einen kurzen Rundgang beginnt man am besten am prunkvollen **Herzogsschloss**, das westlich der Altstadt in einem malerischen Park liegt. Das Schloss, das im 14. Jahrhundert erbaut wurde, war vom 15. Jh. bis zum Anfang des 18. Jh. ständige Residenz der Welfenherzöge von Braunschweig-Lüneburg. Einige Räume wie die Schlossküche, die Staatsgemächer und die besonders beeindruckende **Renaissance-Schlosskapelle** können während einer Führung besichtigt werden. Dabei findet man Baustile aus allen Nutzungsphasen des Schlosses: vom mittelalterlichen Burgpalast mit dem Rittersaal über die Schlosskapelle aus der Renaissance und die barocken Staatsgemächer bis hin zu den im 19. Jh. erfolgten Umgestaltungen im Ostflügel. Einblicke in das Hofleben und in Sitten und Bräuche am Hof bekommt man im **Schlossmuseum.**

Mit dem beeindruckenden **Schlosstheater** beherbergt das Residenzschloss ein Kleinod. Das schmucke Theater ist das älteste noch bespielte Barocktheater Europas. Es kann im Rahmen einer Führung besichtigt werden. Noch besser ist es aber, sich eine der mehr als 400 Vorstellungen anzuschauen, die jedes Jahr aufgeführt werden.

Gegenüber vom Schloss befindet sich das architektonisch interessante **Bomann-Museum.** Bei der Gestaltung der Fassaden griff man Elemen-

066ml-hpe

te verschiedener Baustile auf und vereinigte sie zu einer außergewöhnlichen Collage, die allerdings nicht jedem gefällt. Hermann Löns bezeichnete das Gebäude bei einem Besuch etwas spöttisch als „veritablen Architekturpudding". Das Museum ist eines der größten Niedersachsens. Es bietet Einblick in die niedersächsische Volkskunde, die Stadtgeschichte von Celle und die Landesgeschichte des ehemaligen Königreichs Hannover. Auf sieben Rundgängen kann man sich über die Kulturgeschichte der Stadt und der Region informieren. Zudem gibt es regelmäßig Sonderausstellungen zu geschichtlichen oder aktuellen Themen, die Bezug zur Region haben.

Durch den Eingang des Bomann-Museums gelangt man auch in das **Kunstmuseum Celle**, das vor allem

067ml-hpe

zeitgenössische Kunstwerke präsentiert. Es ist das erste 24-Stunden-Museum der Welt. Während der regulären Öffnungszeiten kann man sich im Innern Bilder, Grafiken, Skulpturen und Objekte unterschiedlicher Künstler anschauen. Wer sich nun fragt, warum das Museum ein 24-Stunden-Museum ist, muss bis zum Einbruch der Dunkelheit warten, dann kann man nämlich von außen Lichtinstallationen internationaler Lichtkünstler bewundern.

Rechts am Bomann-Museum vorbei gelangt man in die **Stechbahn**, eine der ältesten Celler Straßen. Ihr Name erinnert an die Ritterturniere, die hier im Mittelalter veranstaltet wurden. Daran sollen auch die nachgebildeten langen Turnierlanzen und das im Boden eingelassene Hufeisen erinnern, das einem Herzog gewidmet ist, der bei einem Turnier schwer verletzt wurde.

Gleich hinter dem Bomann-Museum steht unübersehbar die 1308 geweihte Stadtkirche **St. Marien**. Die von außen eher schlichte dreischiffige gotische Hallenkirche ist im Inneren nach dem Geschmack des 17. Jh. eingerichtet und reich verziert. Sehenswert sind u. a. der farbenfrohe Altar von 1613, die Grabdenkmäler (Epitaphe) der welfischen Herzöge und ihrer Frauen und die über 100 Emporenbilder, die Ende des 17. Jh. entstanden sind. In der Fürstengruft unter der Kirche stehen die Särge der herzoglichen Familie, darunter der Prachtsarg des letzten Celler Herzogs Georg Wilhelm (1624–1705). Hier wurde auch Caroline Mathilde von Hannover (1751–1775) beigesetzt, die von 1766 bis 1772 als Ehefrau von Christian VII. Königin von Dänemark und Norwegen war, dann aber wegen einer Affäre mit Graf Struensee geschieden und nach Celle verbannt wurde.

Der fast 75 Meter hohe **Kirchturm** wurde erst 1913/1914 errichtet. Von seiner Plattform in 50 m Höhe hat man eine wunderbare Aussicht über die Stadt und das Umland. Zudem steigt jeden Werktag um 16.45 Uhr und Samstag und Sonntag um 9.45 Uhr und 16.45 Uhr der Turmbläser auf den Turm und trompetet, einer alten Tradition folgend, einen Choral in alle vier Himmelsrichtungen.

An die Kirche schließt sich das **alte Rathaus** an, in dem auch die Touristeninformation untergebracht ist. Das Gebäude, eines der ältesten der Stadt, wurde 1292 nach Plänen von Herzog Otto dem Strengen angelegt und besteht aus zwei Teilen.

⊡ *Blick auf das Bomann-Museum* *(s. S. 99)*

1580/1581 wurde es durch einen Anbau erweitert. Die Baunaht ist heute noch gut sichtbar. Im Ratskeller kann man die gotischen Kreuzgewölbe bestaunen, die noch aus der ersten Bauphase stammen. Jeden Mittwoch und Samstag wird vor dem Rathaus der traditionelle **Wochenmarkt** abgehalten und in der Weihnachtszeit der berühmte **Weihnachtsmarkt**, zu dem Besucher von weither kommen.

Gegenüber vom Ratskeller geht es weiter in die schmale **Neue Straße**, die gar nicht so neu ist, denn sie entstand schon um 1400. Hier sind zahlreiche schöne Fachwerkhäuser zu bewundern, in denen u.a. kleine Geschäfte und Restaurants untergebracht sind. Besonders interessant ist das Haus von **Schweine-Schulze** (Haus Nr. 36), ein rustikales Restaurant mit gutbürgerlicher Küche. Hier haben sich früher die Ratsherren nach ihren Sitzungen getroffen und bei Bier und Hochprozentigem so lange weiterverhandelt, bis eine Einigung erzielt wurde. Vorbei am links liegenden Brandplatz, der 1857 bei einem verheerenden Großbrand entstand, gelangt man zur Straße Am Heiligen Kreuz, wo es nach rechts weitergeht. An der Ecke mit der Zöllnerstraße steht das **älteste Fachwerkhaus** der Stadt. Es wurde 1526 für einen Ratsherrn gebaut.

An der Zöllnerstraße vorbei, biegt man bei der nächsten Möglichkeit rechts in die Mauernstraße ein, die den Verlauf der ersten Stadtmauer markiert. Auch entlang dieser Straße finden sich viele schöne Fachwerkhäuser. Im Haus Nr. 47 hat Hermann Löns (s.S. 110) einige Jahre gelebt.

An der Kreuzung mit der Poststraße steht links das 1532 erbaute **Hoppener Haus**, das als prächtigster Fachwerkbau der Stadt gilt. Das sechsgeschossige Haus ist mit zahlreichen bunt bemalten Schnitzereien verziert, die Fabelwesen, närrische und diabolische Gestalten, Fratzen und Reptilien zeigen. Das Haus links daneben, **Thaers Praxis**, ist ebenfalls sehenswert. Albrecht Daniel Thaer (1752–1828) ist der bedeutendste Sohn der Stadt. Er gilt als Begründer der Agrarwissenschaften und war lange Leibarzt des englischen Königs Georg III.

Rechts neben dem Hoppener Haus steht die moderne Installation **„Sprechende Laternen"**. Auf Wunsch erzählen Straßenlaternen Anekdoten aus der Stadtgeschichte. Über die Poststraße geht es zurück zur Stechbahn, wo der kurze Stadtrundgang endet.

Wer mehr Zeit hat, kann noch eine Reihe weiterer Sehenswürdigkeiten entdecken, z.B. den **Französischen Garten**, der südlich der Altstadt liegt.

068ml-hpe

▷ *Historisches Fachwerkhaus gegenüber von Celles Ratskeller*

In dem auf das frühe 17. Jh. zurückgehenden Park kann man schöne Spaziergänge unternehmen. Der große, kreisrunde Teich auf der Westseite hat eine Fontäne, die abends hübsch angeleuchtet wird.

Südöstlich des Zentrums befindet sich an der Aller ein landschaftlich schönes Gebiet, die **Obere Allerniederung.** Die flache Niederung mit Überschwemmungsflächen, Feucht- und Nasswiesen, Stillgewässern und Au- sowie Bruchwäldern steht seit 2007 unter Naturschutz. Seltene und bedrohte Pflanzen- und Tierarten leben in dem 239 ha großen Gebiet. Vogelliebhaber können hier z. B. Zwergtaucher oder Tüpfelsumpfhuhn entdecken oder mit sehr viel Glück auch den Wachtelkönig. Das Gebiet ist durch ein dichtes Wanderwegenetz erschlossen.

Celle ist Heimat des **Niedersächsischen Landgestüts,** das 1735 durch einen Erlass von Kurfürst **Georg II.,** der gleichzeitig König von Großbritannien war (Regierungszeit 1727–1760), gegründet wurde. Derzeit stehen knapp 100 Deckhengste in den Stallungen, neben Hannoveranern auch englische Vollblüter, Anglo-Araber und Kaltblüter. Wer einen Blick hinter die geschichtsträchtigen Mauern werfen und sehen will, wie die Hengste untergebracht sind, kann das Landgestüt besichtigen und sich selbstständig auf dem Gelände umsehen. Besonderer Andrang herrscht bei den jährlichen Veranstaltungen, wie dem Sommerfest, den Hengstvorführungen und dem Traditionsfahrturnier.

148 [S. 104] **Bomann-Museum,** Schlossplatz 7, 29221 Celle Tel. 05141 124555 und 56, https://bomann-museum.de, Di–So 11–17 Uhr, Erw. 8, erm. 5 €, Kinder frei, die Eintrittskarten gelten auch für das Kunstmuseum

149 [S. 104] **Kunstmuseum Celle,** Schlossplatz 7, 29221 Celle Tel. 05141 124521, https://kunst.celle.de, Di–So 11–17 Uhr, Lichtinstallationen täglich 17–11 Uhr, Erw. 8, erm. 5 €, Kinder frei, die Eintrittskarten gelten auch für das Bomann-Museum

★**150** [S. 104] **Niedersächsisches Landgestüt Celle,** Spörckenstraße 10, 29221 Celle, Tel. 05141 92940, http://landgestuetcelle.de, Mo–Fr 8–12 und 13–16 Uhr, Sa nur vormittags, Eintritt kostenlos

151 [S. 104] **Residenzmuseum im Celler Schloss,** Schloßplatz 1, 29221 Celle, Tel. 05141124515, http://residenzmuseum.de, Mai–Oktober Di–So 10–17, November–April Di–So 11–16 Uhr, Erw. 8 €, erm. 5 €, Kinder frei. Führungen: April Di–So So 12, 13, 14 Uhr, Mai–Oktober Di–Fr, So 11, 13, 15, Sa stündlich 11–15 Uhr, November–März Di–Fr 12, 14, Sa, So 12, 13, 14 Uhr, Änderungen s. Website, Führung inkl. Museumseintritt Erw. 10 €, erm. 8 €

069ml-hpe

Celles Stadtkirche St. Marien ist im Inneren reich verziert

› **Schlosstheater Celle,** Celler Schloss, Tel. 05141 9050875, https://schlosstheater-celle.de, Führungen Sept.–Juni am ersten und letzten Samstag im Monat um 15 Uhr (mind. 10 Pers.), Erw. 7 €, erm. 5 €, Kinder frei

152 [S. 104] **St. Marienkirche,** An der Stadtkirche 8, 29221 Celle, Tel. 05141 7735, www.stadtkirche-celle.de, Di–Sa 11–17, So nach dem Gottesdienst bis 13 Uhr, Kirchturm Di–Sa 11–15.30 Uhr, Kirchenführungen jeden Mittwoch 12.30 Uhr, Führungen durch die Fürstengruft Mi und Do 16 Uhr, Turmbesteigungen Di–Sa 11–15.30, Kirchenführung Erw. 5, Kinder 4 €, Kirchturm 2/1 €, Fürstengruft 1,50/0,50 €

38 Kloster Wienhausen ★★★ [E8]

Das Kloster Wienhausen befindet sich nur wenige Kilometer südöstlich von Celle. Das ehemalige Zisterzienserinnenkloster, das heute ein evangelisches Frauenkloster ist, wurde Anfang des 13. Jh. von Herzogin Agnes von Landsberg, einer Schwiegertochter Heinrichs des Löwen, gegründet. Derzeit gehören ihm 12 Konventualinnen an.

Die **historische Klosteranlage** mit ihren zahlreichen Gebäuden – ein Juwel norddeutscher Backsteingotik – ist bis heute weitgehend unverfälscht erhalten geblieben und lässt sich am besten während einer Führung erkunden. Im **Klostermuseum** werden zahlreiche Alltagsgegenstände aus dem Mittelalter ausgestellt, darunter die ältesten erhaltenen und funktionstüchtigen Brillen der Welt. Darüber hinaus kann man sich über die lange Klostergeschichte und das Leben in einem evangelischen Frauenkloster in der Gegenwart informieren.

Einzigartig sind die im **Textilmuseum** ausgestellten gotischen Bildteppiche, die im 14. und 15. Jh. im Kloster als Wollstickerei hergestellt wurden. Sie bilden den kostbarsten Schatz des Klosters und haben es weit über die Grenzen der Region hinaus bekannt gemacht.

› An der Kirche 1, 29342 Wienhausen, Tel. 05149 18660 und 186610, https://kloster-wienhausen.de, April–Mitte Oktober Di–Sa 13.30–17, So 12–17 Uhr, Führungen (75–90 Min.) Di–Sa 13.30 und 15, So 12, 13.30 und 15 Uhr, Kurzführung (ca. 45 Min.) Di–So 16 Uhr, Klostermuseum Erw. 3 €, Schüler/Studenten 2 €, Textil- und Klostermuseum Erw. 6 €, Schüler/Studenten 3 € (mit Audioguide 8/4 €), Führungen Erw. 8 €, Schüler/Studenten 2,50 €, Kurzführung 5 €

39 Deutsches Erdölmuseum ★★ [C7]

In **Wietze,** knapp 20 km westlich von Celle an der Bundesstraße B214, befindet sich das Deutsche Erdölmuseum. Es liegt auf der sog. **Teufelsinsel,** einem ehemaligen Ölfeld, auf dem noch bis 1963 gefördert wurde.

Wietze war in der ersten Hälfte des 20. Jh. das produktivste Erdölfeld in Deutschland. Fast 80 % des deutschen Öls wurden hier zu Tage gebracht, was dem Ort auch den Beinamen **„Klein Texas"** eingebracht hat. Was viele nicht wissen: Die erste fündige Erdölbohrung der Welt wurde nicht in Texas oder anderswo vorgenommen, sondern 1858 hier in der Lüneburger Heide.

Das knapp 2 ha große Gelände mit den Produktionseinrichtungen ist noch heute im ursprünglichen Zustand erhalten. Hinzukommen weitere historische technische Anlagen, die zum Teil aus anderen Erdölfördergebieten Deutschlands stammen. Interessante Informationen bekommen die Besucher auch im **Museumsgebäude,** wo nicht zuletzt auch Fra-

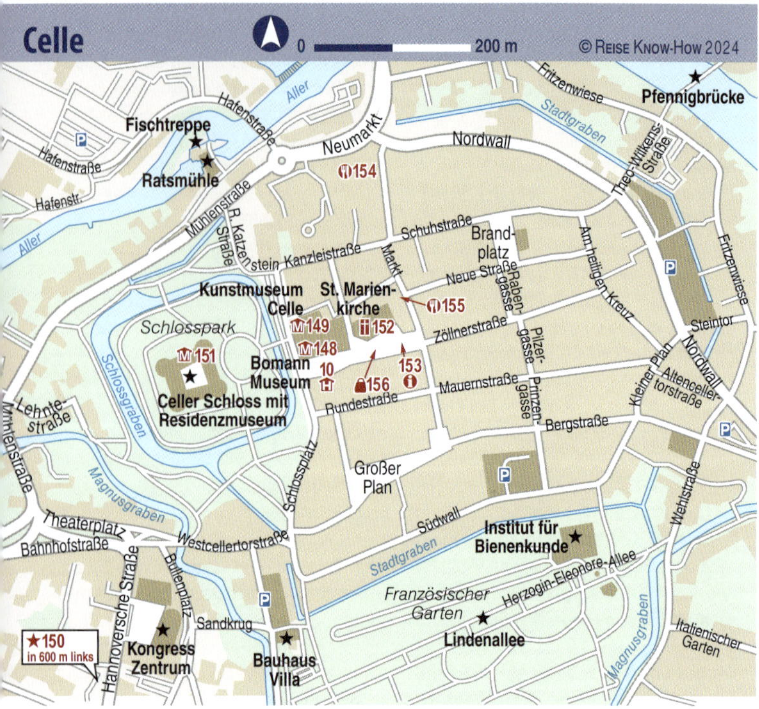

Legende Ortsplan Celle

- 10 Hotel Celler Hof S. 18
- 148 Bomann-Museum S. 102
- 149 Kunstmuseum Celle S. 102
- ★150 Niedersächsisches Landgestüt Celle S. 102
- 151 Residenzmuseum im Celler Schloss S. 102
- 152 St. Marienkirche S. 103
- 153 Tourist Information Celle (Altes Rathaus) S. 106
- 154 Bier Akademie S. 106
- 155 Ratskeller Celle S. 106
- 156 Celler Wochenmarkt S. 106

gen zur Umweltproblematik der Förderung und Nutzung von Erdöl sowie seiner zukünftigen Bedeutung beantwortet werden.

Wenn man schon in Wietze ist, sollte man sich auch noch die **Stechinellikapelle** anschauen, die ganz im Süden des Ortes im Ortsteil Wieckenberg steht. Die ehemalige Gutskapelle des Guts Wieckenberg erinnert von außen an ein schlichtes Bauernhaus mit einem vorgebauten Säulengang. Statt Glockenturm hat sie einen Dachreiter. Wer die Kapelle betritt, ist zunächst überrascht. Der im italienischen Barock gestaltete Innenraum ist prächtig und in dieser Form in Norddeutschland einzigartig. Auffallend sind die wunderbaren Deckenbemalungen und die Glasfenster. Sehenswert sind auch die reich verzierte Kanzel, die Taufschale und die Gutsherren-Prieche, die besonderen Sitzplätze der höheren Stände. Leider ist die Kapelle meist verschlossen. Sie wird aber auf Nachfrage (siehe Aushang an der Kapelle) geöffnet.

Und gleich noch ein zweiter Tipp: Im nördlich gelegenen Ortsteil Hornbostel gibt es in einer großen Allerschleife mit der **Hornbosteler Hutweide** ein besonders schönes Naturschutzgebiet. Hier sind z. T. noch Reste der für die Allerauen ehemals typischen Hutewälder (s. S. 50) zu finden, die mit ihren großen, alten Stieleichen imponieren. Auf engstem Raum findet man unterschiedliche Ökosysteme, die vielen seltenen und geschützten Arten einen Lebensraum bieten. Beweidet werden die früher intensiv genutzten Grünflächen u. a. von echten Wildpferden, den aus Ostasien stammenden Przewalski-Pferden. Die genügsamen, kleinen Pferde leben das ganze Jahr über auf den Weiden und finden selbst in schneereichen Wintern ihre Nahrung unter dem Schnee, indem sie sie mit ihren Hufen freilegen.

› Schwarzer Weg 7, 29323 Wietze, Tel. 05146 92340, https://erdoelmuseum.de, Di–So 10–17 Uhr, Juli, August auch Mo, Erw. 8, erm. 4, Kinder unter 6 Jahren frei

Erdöl in der Lüneburger Heide

Die Lüneburger Heide birgt in ihren Tiefen etwas Unerwartetes: Erdöl. Obwohl die Region nicht für die Erdölindustrie bekannt ist, spielte sie dennoch eine bedeutende Rolle in der deutschen Erdölproduktion. Urkundliche Belege zeigen, dass in Wietze bereits 1652 aus obertägigen Teerkuhlen Erdöl gewonnen wurde. Das schwere Öl wurde vor allem als Holzschutzmittel, Wagenschmiere oder Dichtmaterial im Schiffbau verwendet.

Auf der Suche nach Braunkohle veranlasste die Königliche Hannoversche Regierung 1858 eine Tiefenbohrung bei Wietze. Aber erst ein Jahr später förderten die Arbeiter etwas zutage – und die Enttäuschung war groß, denn statt der erhofften Braunkohle sprudelte „nur" Erdöl aus dem Loch und die Arbeiten wurden eingestellt. Wenige Monate später fand in Titusville, Pennsylvania, eine erfolgreiche Bohrung statt, die einen regelrechten „Ölrausch" in den USA auslöste. Während dort der Wert des Öls sofort erkannt wurde und bereits 1860 mehr als 2000 Bohrungen niedergebracht worden waren, dauerte es noch bis 1899, bis auch im Deutschen Kaiserreich der Wunsch nach eigenen Ölquellen wuchs.

Man erinnerte sich an die erste Bohrung in Wietze und brachte auf der Teufelsinsel nördlich des Flusses Wietze eine weitere Tiefenbohrung nieder, bei der man schnell auf das flüssige Gold stieß. In kurzer Zeit veränderte sich das Heidedorf drastisch. Die Infrastruktur wurde verbessert und es wurde eine Raffinerie gebaut. Gleichzeitig entstanden zahlreiche Bohrbetriebe, es wurden Hotels und Geschäfte errichtet und die Einwohnerzahl nahm rasant zu.

Zur Hochzeit deckte Wietze 80 Prozent der deutschen Inlandsnachfrage an Erdöl ab. Bis zur Stilllegung aller Betriebe im Jahr 1963 – die Förderung war nicht mehr wirtschaftlich – fanden hier 2028 Ölbohrungen statt.

Weitere Aktivitäten

Von Anfang Mai bis Ende September verkehrt auf der Aller die **M.S. Wappen von Celle.** Auf der Fahrt (Fahrradmitnahme möglich) vom Celler Hafen Richtung Winsen (Aller) kann man die idyllische Allerlandschaft in Ruhe vom Wasser aus genießen. Die Gastronomie an Bord sorgt mit kleinen Speisen oder auch Kaffee und Kuchen für das leibliche Wohl. Der aktuelle Linienfahrplan und weitere Informationen sind unter https://celler-schifffahrt.de zu finden oder telefonisch unter Tel. 05141 941180 zu erfragen.

Entlang der Aller bietet der rund 250 Kilometer lange **Aller-Radweg** ein besonderes Radfahrerlebnis. Fast ausschließlich am Fluss entlang schlängelt sich der Radweg durch Marschwiesen und Felder, Kiefernwälder und Heidelandschaften. Weitere Informationen gibt es unter www.allerradweg.de oder in der Tourist Information in Celle.

Im Herzen von Celle befindet sich ein **Bootsverleih,** bei dem man stundenweise Kajaks, Kanadier oder Ruderboote mieten kann. Bei einer Bootstour kann man die Celler Altstadt vom Wasser aus erleben und einen Blick auf das Naturschutzgebiet der Oberaller werfen. Eine Voranmeldung ist erst ab einer Gruppengröße von mehr als zehn Personen nötig. Weitere Informationen gibt es unter www.allerleih-celle.de oder unter Tel. 05141 2055588.

Infos und Reisetipps

153 [S. 104] **Tourist Information Celle (Altes Rathaus),** Markt 14–16, 29221 Celle, Tel. 05141 70951195, https://celle.de/Tourismus/Service/Tourist-Information-Celle, Mo–Fr 10–17, Sa 9–13, an Feiertagen geschlossen

› **Anfahrt:** Celle ist sowohl von Hamburg als auch von Hannover mit der Bahn zu erreichen. Die Stadt ist Haltepunkt mehrerer Fernbuslinien (Flixbus). Mit dem Pkw erreicht man Celle über die Autobahn A7: von Norden Abfahrt Schwarmstedt und weiter auf der B214, von Süden am Autobahnkreuz Hannover-Kirchhorst auf die A37 und an deren Ende weiter auf der B3. Kostenlose Parkplätze gibt es am Schützenplatz (Eingabe Navigationsgerät: Hafenstraße), von dem es weniger als 10 Min. zum Schloss sind.

Essen und Trinken

154 [S. 104] **Bier Akademie** €€, Weißer Wall 6, 29221 Celle, Tel. 05141 23450, www.bierakademie-celle.de. Die Bier Akademie ist bekannt für die „Celler Rohe Roulade“. Diese regionale Spezialität wird aus Rindfleisch, Senf, Speck, Zwiebeln und einer Gewürzmischung hergestellt und mit Heidebrot, Butter und Gewürzgurken oder einer Portion Bratkartoffeln serviert.

155 [S. 104] **Ratskeller Celle** €€, Markt 14, 29221 Celle, Tel. 05141 29099, https://rkcelle.de. 1378 standen die damaligen Herzöge den Celler Bürgern das Recht zu, unter dem Rathaus Wein und Bier auszuschenken. Heute ist der Ratskeller ein Restaurant mit mehr als 160 Plätzen und bietet in einem einzigartigen Ambiente gehobene deutsche Küche aus regionalen Produkten.

Einkaufen

156 [S. 104] **Celler Wochenmarkt,** April–Oktober Mi, Sa 7–13.30, November–März Mi, Sa 8–13.30 Uhr. Zweimal die Woche findet in der historischen Kulisse der Altstadt der Wochenmarkt statt. Die Bauern der umliegenden Höfe und regionale Produzenten bieten hier ihre Produkte an. Man bekommt alles von Lebensmitteln über Handwerksartikel bis zu Deko für Haus und Garten.

Vogelpark-Region

Die beiden Heidestädte Walsrode und Bad Fallingbostel haben sich touristisch zur sog. Vogelpark-Region zusammengeschlossen. Sie liegt im Südwesten der Lüneburger Heide am Dreieck der Autobahnen A7 und A27. Weithin bekannt ist die Region vor allem durch den Weltvogelpark Walsrode, aber sie hat noch viel mehr zu bieten und lockt vor allem Naturbegeisterte an, die in den Heideflächen gute Wandermöglichkeiten vorfinden. Und dann ist da ja auch noch der Serengeti-Park in Hodenhagen, der etwas südlich der Vogelpark-Region liegt.

40 Walsrode ★★★ [C6]

Walsrode ist weit über die Grenzen der Region hinaus vor allem wegen des Weltvogelparks bekannt. Neben ihm bietet die Stadt aber noch mehr: eine sehenswerte Stadtkirche, ein historisches Kloster und vor allem eine wunderbare Landschaft, in der es auf zahlreichen Wander- und Radwegen oder auf der Böhme im Boot viel zu entdecken gibt.

In den 31 Stadtteilen von Walsrode leben etwa 30.000 Einwohner. Mit fast 350 km² gehört die Stadt flächenmäßig zu den größten in Deutschland und ist diesbezüglich z. B. größer als München (ca. 310 km²). Die Stadt an der Böhme trägt den Beinamen **Hermann-Löns-Stadt,** da der „Heidedichter" (s. S. 110) hier viele Jahre seines Lebens verbracht und zahlreiche Spuren hinterlassen hat.

Den meisten ist Walsrode aber eher als Heimat eines Vogelparks ein Begriff. Der 1962 eröffnete **Weltvogelpark Walsrode** gilt als größter Vogelpark der Welt und gehört weltweit zu den zehn artenreichsten Zoos. Auf dem ca. 24 ha großen Gelände am nördlichen Stadtrand sind etwa 4000 Vögel aus 650 verschiedenen Arten, von allen Kontinenten und aus vielen Klimazonen zu sehen, darunter

Rast auf dem Hermann-Löns-Wanderweg in der Tietlinger Heide

070ml-hpe

viele bedrohte Arten wie Schneekranich und Riesenseeadler. Besondere Attraktionen sind die **Flugvorführungen**, bei denen nicht nur Greifvögel ihre Flugkünste zeigen, sondern auch zahlreiche Tiere, die man in anderen Einrichtungen nicht im Flug sehen kann, z. B. Pelikane oder Papageien. Besonders beeindruckend ist die 3000 m² große und 12 m hohe **Freiflughalle**, in der ein künstlicher Strand mit „echter“ Meeresbrandung angelegt wurde. Hier ist man mittendrin zwischen heimischen und exotischen Vögeln. Spannend ist auch ein Spaziergang auf dem **Jungle Trail** durch den Regenwald, auf dem man über 80 exotischen Vogelarten hautnah begegnen kann. Zahlreiche weitere Attraktionen sorgen dafür, dass der Tag im Weltvogelpark nie langweilig wird. Und natürlich gibt es auch für die Kleinen mehrere Spielplätze.

In Walsrode selbst ist die 1884 bis 1850 erbaute **Stadtkirche** sehenswert. Das St. Johannis dem Täufer geweihte Gotteshaus steht mitten im Ort auf dem Kirchplatz und hatte mindestens drei Vorgängerbauten. Der Turm mit der Marienglocke (1437 gegossen) wurde schon 1786 errichtet. Im Altarraum steht das um 1500 entstandene Walsroder Kreuz, das aus der Schule des berühmten Holzschnitzers Hans Brüggemann stammt.

Nur wenige Schritte entfernt steht das evangelische **Kloster Walsrode.** Es geht auf eine Stiftung im 10. Jh. zurück. Eine erste urkundliche Erwähnung in einer Schenkungsurkunde des sächsischen Königs Otto III. stammt aus dem Jahr 986. Seit über 1000 Jahren leben hier Frauen auf der Grundlage des christlichen Glaubens gemeinschaftlich zusammen. Die heutigen Gebäude, die man im Rahmen einer Führung besichtigen kann, stammen im Wesentlichen aus dem 18. Jh., der Grundriss geht aber schon auf das 13. Jh. zurück. Die Ka-

Besonders beeindruckend sind die Flugvorführungen im Weltvogelpark

pelle wurde Mitte des 15. Jh. gebaut, mehrere Bauteile stammen noch aus dieser Zeit, z.B. die Glasfenster hinter dem Altar. Besonders sehenswert ist der Speisesaal, der von Kaiser Wilhelm II. gestiftet wurde.

Das **Heidemuseum Rischmannshof** am Stadtwald Eckernworth öffnete seine Pforten bereits 1912 und gehört zu den ältesten Freilichtmuseen Deutschlands. Auf dem Freigelände sind zahlreiche historische Fachwerkbauten, in den Innenräumen viele Einrichtungsgegenstände und weitere Zeugnisse der Heimatgeschichte zu bewundern. Besonders stolz sind die Betreiber auf das Gedächtnis- und Erinnerungszimmer für Hermann Löns, wo sich zahlreiche Originalstücke aus dem persönlichen Nachlass des Dichters befinden.

Etwa 5 km nordwestlich von Walsrode liegt das Naturschutzgebiet **Grundloses Moor**. Das große Hochmoor ist noch einigermaßen intakt und bietet Lebensraum für einige hochmoortypische Pflanzen. Bemerkenswert ist dabei das große Vorkommen der Rauschbeere, einer Pflanze, die mit den Heidelbeeren verwandt ist. Allerdings wird von ihrem Verzehr abgeraten. Die Beeren sind schwach giftig und können Rauschzustände, Schwindel und Sehstörungen hervorrufen.

Im östlichen Teil des Gebiets liegen zwei natürliche Moorseen von denen besonders der **Grundlose See** einige Berühmtheit erlangt hat, weil er angeblich unendlich tief sein soll. In der Realität beträgt seine Tiefe aber nicht mehr als 2 m. Interessant ist seine Entstehungsgeschichte: Wissenschaftler gehen davon aus, dass er durch einen Meteoriteneinschlag in prähistorischer Zeit entstanden ist.

★**157 Weltvogelpark Walsrode**, Am Vogelpark, 29669 Walsrode, Tel. 05161 60440, https://weltvogelpark.de, tgl. meist 10–18/19 Uhr, im Winter geschlossen, genaue Zeiten s. Website, Tagesticket Erw. 27,90 €, bei Onlinebuchung ab 17,90 €, Kinder 22,90 €, bei Onlinebuchung ab 14,90 €, „Meet & Greet" mit verschiedenen Tieren online buchbar. Hunde sind im Park nicht erlaubt.

158 Stadtkirche Walsrode, Am Kloster 1, 29664 Walsrode, Tel. 0151 26800675, https://kirchenkreis-walsrode.de, tgl. 10–16 Uhr

159 Kloster Walsrode, Kirchplatz 2, 29664 Walsrode, Tel. 05161 485838, https://kloster-walsrode.de, tgl. 8–20 Uhr, Führungen April–Oktober Di–So 15 Uhr, 4 €

Die bunten Papageien erfreuen sich nicht nur bei Kindern großer Beliebtheit

160 Heidemuseum Rischmannshof, Hermann-Löns-Str. 8, 29664 Walsrode, Tel. 05161 4810887, www.heidemuseum-walsrode.de, April-Nov. Mi-Sa 10-12.30, 13-17, So und feiertags 13-17 Uhr, Erw. 2,50 €, Kinder (6-17 Jahre) 1 €

Weitere Aktivitäten

Für Wanderer wurden mehrere attraktive Rundwanderwege eingerichtet, z. B. der 9,5 km lange **Wanderweg Eckernworth** (RWW1), der am Heidemuseum und einer Löns-Statue vorbeiführt. Der 22 km lange **Böhme-**

Hermann Löns

Hermann Löns gilt als der „Heidedichter" schlechthin. 1866 wurde er in Culm in Westpreußen, dem heutigen Chelmno in Polen, geboren. Seine zahlreichen Gedichte, Erzählungen und Romane handeln oft von dem einfachen Leben auf dem Land und der Schönheit der Natur. Der Dichter war aber nicht nur Journalist und Schriftsteller, sondern auch engagierter Naturschützer. Er setzte sich erfolgreich für die Gründung des Naturparks Lüneburger Heide ein, dem ersten deutschen Naturpark überhaupt. Als begeisterter Jäger und Wanderer verbrachte er einen Großteil seines Lebens in der Lüneburger Heide, wo er eine eigene Jagdhütte besaß. Er leistete einen wesentlichen Beitrag dazu, dass sich die Jägerschaft in Deutschland von reinen Jägern zu Hegern wandelte.

Löns meldete sich im Ersten Weltkrieg im Alter von immerhin 48 Jahren freiwillig zum Militärdienst und bestand darauf, an der Front eingesetzt zu werden. Am 26. September 1914 fiel er bei Loivre in der Nähe von Reims in Frankreich. Dass seine Gebeine wirklich in der Tietlinger Heide bei Walsrode die letzte Ruhe gefunden haben, ist eher unwahrscheinlich. Schon bei seinem ersten Grab, das während heftiger Gefechte hastig angelegt worden sein soll, ist nicht sicher, ob es wirklich die Gebeine von Löns enthielt. Hinzu kommt, dass die in diesem Grab gefundenen Überreste im Laufe der Zeit mehrfach umgebettet wurden, u. a. wohl auch in ein Massengrab auf einem Soldatenfriedhof in Loivre.

Dennoch wurden die Löns zugeschriebenen Gebeine auf Anordnung von Adolf Hitler 1934 in Frankreich exhumiert und „heim ins Reich" geholt, wo sich aber auf die Schnelle kein geeigneter Bestattungsort finden ließ und der Sarg längere Zeit in Fallingbostel in einer Kapelle zwischengelagert wurde. Der Verzögerung überdrüssig entführten Angehörige der SA den Sarg und begruben ihn in einem Ortsteil von Schneverdingen auf einem Privatgrundstück. Das ließ der rivalisierenden Wehrmacht keine Ruhe, die den Sarg mit den Überresten ein Jahr später wieder ausgrub und am 2. August 1935 im Tietlinger Wacholderhain zwischen Walsrode und Bad Fallingbostel erneut bestattete. Dort ruhen die Gebeine bis heute. Ob es sich dabei aber wirklich um die Überreste von Löns handelt oder aber um die eines unbekannten Soldaten, ist nicht geklärt und wird sich wohl auch nicht mehr klären lassen.

Heute wird die Person Hermann Löns von vielen kritisch hinterfragt. Einige seiner Texte zeugen von Frauenfeindlichkeit und einer nationalistischen Einstellung mit antisemitischen Anflügen. Sein Werk „Der Wehrwolf" wurde zur Zeit des Nationalsozialismus zum Bestseller und jungen Flakhelfern und der Hitlerjugend als Lektüre empfohlen.

Rundwanderweg verläuft entlang des Flusses und der 19 km lange RWW5 führt zum **Grundlosen See.** Natürlich darf auch ein **Hermann-Löns-Wanderweg** nicht fehlen. Der RWW8 ist 16 km lang und passiert u. a. das angebliche Grab des Heidedichters (s. S. 110).

Auch für **Radfahrer** gibt es mehrere markierte Routen. So verbindet z. B. die 52 km lange **Heidmark-Route,** die rund um Walsrode führt, viele Ortschaften mitsamt ihren Sehenswürdigkeiten. Zum **Grundlosen See** führt die gleichnamige, 33 km lange Tagestour und die ebenfalls 33 km lange **Vogelpark-Runde** passiert, wie der Name schon vermuten lässt, u. a. den Weltvogelpark.

Die Böhme, die direkt durch Walsrode fließt, bietet sich für **Paddeltouren** an. Insgesamt ist der Fluss von Tetendorf bei Soltau über Dorfmark, Bad Fallingbostel und Walsrode bis nach Böhme kurz vor der Mündung in die Aller auf einer Länge von über 60 km außerhalb der Brutsaison und bei ausreichend hohem Wasserstand befahrbar. In Walsrode gibt es eine offizielle Ein- und Ausstiegsstelle. Der nächste Kanuverleih befindet sich in Dorfmark (s. S. 115).

Infos und Reisetipps

161 Tourist Information Vogelpark-Region Walsrode, Lange Str. 20, 29664 Walsrode, Tel. 05161 7897482, https://vogelpark-region.de, Mo–Fr 9–14, Fr nur bis 13 Uhr

› **Anfahrt:** Vom Bahnhof in Walsrode bestehen Verbindungen nach Hamburg über Buchholz (Nordheide) und nach Hannover. Reisende mit Pkw erreichen Walsrode von der Autobahn A7, Anschlussstelle Bad Fallingbostel, oder über die A27 von den Anschlussstellen Walsrode-Süd oder Walsrode-West.

073ml-www

Essen und Trinken

162 Zauberkessel €€, Bergstr. 12, 29664 Walsrode, Tel. 05161 609757, https://zauberkessel-walsrode.de. Der Zauberkessel ist nicht nur ein veganes Restaurant mit sehr guter, z. T. französischer Küche, sondern bewirtet seine Gäste auch in mittelalterlicher Atmosphäre. Der Schankraum ist mit viel Liebe zum Detail eingerichtet, sodass man sich wie im Gemäuer einer alten Burg fühlt.

Einkaufen

163 FloraFarm, Bockhorn 1, 29664 Walsrode, Tel. 05162 1393, https://florafarm.de. Darauf würde man nicht ohne Weiteres kommen: Ginseng aus der Lüneburger Heide. Auf dem Helkenhof im Ortsteil Bockhorn wird die asiatische Wurzel seit mehr als 40 Jahren angebaut. Im hauseigenen Shop kann man verschiedenste Ginsengprodukte erwerben und im angeschlossenen Café nach der anstrengenden Einkaufstour bei Kaffee und Torte wieder neue Kräfte sammeln.

Auch Blumenliebhaber kommen im Weltvogelpark auf ihre Kosten

41 Bad Fallingbostel ★★ [C6]

Auch wenn ihr 2015 die staatliche Anerkennung als Kneipp-Heilbad und Luftkurort entzogen wurde, darf sich die etwas über 12.000 Einwohner zählende Stadt weiter Bad Fallingbostel nennen. Der Ort an der Böhme, der zwischen Soltau und Walsrode liegt, besteht aus fünf Stadtteilen. Erstmals erwähnt wurde Bad Fallingbostel 993. Besiedelt war die Gegend aber schon viel früher, wovon Funde aus der Bronzezeit zeugen.

Auf einem Hügel mitten im Ort steht die **St.-Dionysiuskirche.** Ein erstes Gotteshaus wurde hier schon zum Ende des 13. Jh. erwähnt. Der heutige dreischiffige Saalbau mit einem hölzernen Tonnengewölbe wurde 1829/1830 im klassizistischen Stil erbaut. Der Glockenturm ist jünger, er wurde 1903/1904 errichtet.

Wer sich für Frühgeschichte interessiert, sollte einen Blick in das **Archäologische Museum** werfen. In einem ehemaligen Forsthaus aus dem 17. Jh. ist neben wechselnden Sonderausstellungen die Dauerausstellung „Spuren der Vergangenheit – Archäologie in der Region" zu sehen. U. a. wird hier der Schmuck der „Braut aus Ungarn" aus der frühen Bronzezeit (um 1700 v. Chr.) gezeigt, der 1904 in Bad Fallingbostel beim Abbau eines Hügelgrabs gefunden wurde und als bedeutendste Grabausstattung dieser Zeit in Norddeutschland gilt. Der Schmuck ist typisch für die ungarische Donauregion. Es wird vermutet, dass er mit seiner Trägerin, wahrscheinlich eine wohlhabende Ungarin, nach Norddeutschland kam. Als sie hier starb und beerdigt wurde, wurde ihr der Schmuck als Grabbeigabe mitgegeben.

164 Archäologisches Museum Bad Fallingbostel, Michelsenstr. 1, 29683 Bad Fallingbostel, Tel. 01590 5020394, https://archäologische-arbeitsgemeinschaft.de, April–Oktober Do 16–18 Uhr, jeden 1. und 3. So im Monat 14–17 Uhr und nach Vereinbarung, Eintritt frei

Besonders schön ist auch ein Spaziergang im **Kurpark** mitten in der Stadt. Er bietet einen Kräutergarten und einen Kinderspielplatz sowie einen Fitnesspark mit einem Green-Sport-Parcours, wo man an verschiedenen Stationen seine Kraft, Ausdauer und Balance trainieren kann. Besonders beliebt ist der Barfußpfad mit verschiedenen Belägen. Schöne Spaziergänge lassen sich auch im **Liethwald,** einem naturnahen Buchenwald mit z. T. mittelgebirgsähnlichen Steilhängen und besten Aussichten auf die Böhme, unternehmen. Am Rand des Walds steht der **Hof der Heidmark,** ein Fachwerkhaus mit Strohdach aus dem Jahre 1642. Er soll an die 21 Dörfer erinnern, die in den 1930er-Jahren rund um Bergen geräumt werden mussten, um dort den Truppenübungsplatz Bergen zu bauen. Das Haus stammt aus der geräumten Region und wurde als Gedenkstätte nach Bad Fallingbostel versetzt.

Weitere Aktivitäten

Auch rund um Bad Fallingbostel gibt es eine ganze Reihe an schönen Wandermöglichkeiten. Eine besonders empfehlenswerte Rundtour ist der 5,5 km lange Weg **Durch die**

Die St.-Dionysiuskirche steht auf einem Hügel mitten in Bad Fallingbostel

075ml-hpe

Lieth, der durch den Liethwald an die Böhme führt und dort vorbei an der hoch aufragenden Wolfsschlucht. Auch der **Hirschgeweih-Rundweg** (ca. 16 km, markiert mit rotem Hirschkopf), der Dorfmark 42 mit Bad Fallingbostel verbindet und über weite Strecken entlang der Böhme führt, ist sehr empfehlenswert.

Für Radfahrer wurden u. a. die 34 km lange **Grefel-Dorjen-Route** und die 52 km lange **Heidmark-Route** angelegt.

Das **Lieth-Freibad** bietet einen Schwimmerbereich mit 50-m-Bahn, ein Sprungbecken und einen großzügigen Nichtschwimmerbereich. Wer lieber indoor schwimmen möchte, kann das im **Hallenbad** tun.

Kutschfahrten rund um Bad Fallingbostel bietet Familie Zum Berge an. Die Wagen für acht oder 26 Personen werden von gutmütigen Kaltblütern gezogen.

S **165 Hallenbad Bad Fallingbostel,** Heinrichstr. 22, 29683 Bad Fallingbostel, Tel. 05162 902104, https://badbt.de, Tageskarte Erw. 4 €, Kinder und Jugendliche 2 €

• **166 Kutschfahrten Familie Zum Berge,** Quintusstr. 13, 29683 Bad Fallingbostel, Tel. 05162 2114, https://utspann.info/kutschfahrten

S **167 Lieth-Freibad Bad Fallingbostel,** Soltauer Str. 26, 29683 Bad Fallingbostel, Tel. 05162 2226, https://badbt.de, Tageskarte Erw. 4 €, Kinder und Jugendliche 2 €

Infos und Reisetipps

i **168 Tourist Information Vogelpark-Region Bad Fallingbostel,** Sebastian-Kneipp-Platz 1, 29683 Bad Fallingbostel, Tel. 05162 4000, https://vogelpark-region.de, Mo–Mi, Do 9–12, 13–17, Fr 9–13 Uhr

› **Anfahrt:** Vom Bahnhof in Bad Fallingbostel bestehen Verbindungen über Buchholz (Nordheide) nach Hamburg und nach Hannover. Wer mit einem Pkw unterwegs ist, fährt an der Anschlussstelle Bad Fallingbostel von der Autobahn A7 ab.

Essen und Trinken

› **Utspann** €€. Im Restaurant der Familie Zum Berge (Kutschfahrten, s. oben) wird in gemütlicher Atmosphäre vorwiegend deutsche Küche angeboten. Besonders zu empfehlen sind die Heidschnuckengerichte mit Fleisch von Tieren aus der eigenen Herde.

Einkaufen

169 Straußenhof Heidekreis, Vierde 4, 29683 Bad Fallingbostel, Tel. 05162 1524, https://straussenhof-heidekreis.de. Wer Geflügelfleisch mag und mal etwas anderes als Huhn oder Pute essen will, findet auf dem Straußenhof ein reichhaltiges Angebot. Von Straußenfilet und -braten über Rouladen, Ragout und Würsten bis hin zu Straußeneiern ist bestimmt das Richtige dabei.

42 Dorfmark ★★ [C6]

Dorfmark wurde erstmals 968 urkundlich erwähnt und ist heute ein Ortsteil der Stadt Bad Fallingbostel. Sehenswert ist die Feldsteinkirche **St. Martin,** die 1708 erbaut wurde. Sie ersetzte eine gotische Kirche aus dem 14. Jh. Der hölzerne Glockenturm mit drei Glocken stammt aus der Zeit nach dem Dreißigjährigen Krieg und kann ebenso wie die Kirche von innen besichtigt werden. Die Kirche birgt u. a. einen um 1470 entstandenen wertvollen Passionsaltar und ein Taufbecken aus dem Jahr 1465.

Wer geruhsame Spaziergänge mag, ist im **Bürgerpark** gut aufgehoben. Der Park mit seinen verschlungenen Wegen und 21 Brücken gehört zu den schönsten der Region.

Am 2. Augustwochenende, wenn am Strandbad das **Strandfest** (www.strandfest-dorfmark.de) gefeiert wird, rückt der Ort ins Rampenlicht der näheren und weiteren Umgebung. Nach Angaben der Veranstalter ist es das größte Volksfest in der Südheide. Auch wenn das vielleicht etwas übertrieben ist, zieht die dreitägige Veranstaltung, die schon seit 1928 gefeiert wird, zahlreiche Besucher an. Höhepunkte sind das Höhenfeuerwerk, die Dorfmarker Wasserorgel und die Auftritte verschiedener Musikgruppen.

170 Kirche St. Martin, Hauptstr. 34, 29683 Bad Fallingbostel – OT Dorfmark, Tel. 05163 329, https://kirchengemeinde-dorfmark.de, April–Oktober 10–17 Uhr. Der Kirchturm ist nach Absprache mit dem Pfarrbüro ebenfalls von innen zu besichtigen.

Weitere Aktivitäten

Mehrere markierte Wanderwege erschließen die Umgebung, darunter die **Kleine Dorfmarker Runde** (ca. 7,5 km), der mit einem blauen Kleeblatt markierte, 18 km lange **Dorfmarker Rundwanderweg** und

074ml-hpe

Der hölzerne Glockenturm der Dorfmarker Kirche steht einige Meter abseits der Kirche

076ml-hpe

der **Hirschgeweih-Rundwanderweg** (ca. 16 km, markiert mit rotem Hirschkopf), der Dorfmark mit Bad Fallingbostel 41 verbindet. Für Radfahrer wurde die 34 km lange **Grefel-Dorjen-Route** angelegt, die u. a. durch Bad Fallingbostel führt.

Wer schwimmen möchte, kann dies im **Strandbad** tun, einem Naturbadesee mit ausgezeichneter Wasserqualität. Für die Kleinen gibt es einen abgegrenzten Kinderbereich, für die Großen einen Schwimmbereich mit einer 50 m Bahn. Für alle ist der herrlich feine Sandstrand.

Paddler kommen auf der Böhme auf ihre Kosten. In Dorfmark gibt es eine Bootsstation mit Bootsverleih und Einsetzstelle.

S **171 Strandbad Dorfmark,** Am Badeteich, 29683 Dorfmark, Tel. 05163 6118, https://strandbad-dorfmark.de, Mitte Mai–Mitte September 13–18 Uhr, bei Temperaturen unter 20 Grad oder bei Regen geschlossen, Tageskarte Erw. 2 €, Kinder 1 €

• **172 Bootsstation Dorfmark,** Westendorfer Str. 46a, 29683 Dorfmark, Tel. 0157 39599997, www.bootsstation-dorfmark.de

Infos und Reisetipps

ⓘ **173 Dorfmark Touristik e. V.,** Marktstr. 1, 29683 Dorfmark, Tel. 05163 3660170, https://dorfmark-touristik.de, Mo, Di, Do 10–12 Uhr

› **Anfahrt:** Dorfmark hat einen eigenen Bahnhof und liegt an der Bahnstrecke Buchholz/Nordheide – Hannover. Von Buchholz bestehen auch häufige Verbindungen nach Hamburg. Dorfmark befindet sich direkt an der gleichnamigen Autobahnausfahrt der A7 und ist daher mit dem Pkw schnell und einfach zu erreichen.

Essen und Trinken

174 Deutsches Haus €€, Hauptstr. 26, 29683 Bad Fallingbostel – OT Dorfmark, Tel. 05163 1232, https://deutsches-haus-dorfmark.de. Für Freunde schmackhafter Hausmannskost ein heißer Tipp. Die Portionen sind groß, die Preise klein, das Personal sehr freundlich und es gibt sogar Omas Rinderrouladen nach traditioneller Art mit Apfelrotkohl und Salzkartoffeln.

Brunnen im Zentrum von Dorfmark

43 Serengeti-Park Hodenhagen ★★★ [C7]

Von der Vogelpark-Region ist es nur ein Katzensprung nach Hodenhagen, wo sich mit dem Serengeti-Park Europas größter Safaripark befindet. Der 220 ha große Park beherbergt über 1500 Tiere, die zum Teil in großflächigen und befahrbaren Landschaftsanlagen leben.

Der Park, der jährlich von etwa 750.000 Gästen besucht wird, ist in mehrere Bereiche aufgeteilt, wobei die 120 ha große **Serengeti-Safari** das Herzstück ist. Hier leben Giraffen, Zebras, Nashörner, Löwen und Tiger aus den Savannen Ostafrikas, Breitmaulnashörner aus Botswana, Geparden, Antilopen, Bisons und viele mehr. Der Bereich kann mit dem eigenen Pkw befahren werden oder man schließt sich einer Bustour mit Fütterung an.

In der 15 ha großen **Dschungel-Safari** tummeln sich über 200 Affen aus verschiedenen Arten. Die Tiere leben in Gehegen ohne sichtbare Barrieren.

Auge in Auge mit Giraffen im Serengeti-Park Hodenhagen

Fünf sind sogar begehbar. Dort kann man direkt mit den Tieren in Kontakt kommen. Darüber hinaus gibt es noch weitere Tieranlagen, die zu Fuß erreichbar und teils ebenfalls begehbar sind.

Im Bereich **Abenteuer-Safari** gibt es Attraktionen für jedes Alter, die Action und Freizeitspaß versprechen. Trampoline, Spielplätze, Speedboote, Quads und über 40 Fahrgeschäfte sorgen für Abwechslung.

Wer das volle Programm nicht an einem Tag ausschöpfen kann, kann im Park sogar in **Dschungel-Lodges** oder im eigenen Wohnmobil übernachten (s. S. 18).

› Am Safaripark 1, 29693 Hodenhagen, Tel. 05164 979990, https://serengeti-park.de, Ende März– Anfang November tgl. 10–17/18 Uhr, im Sommer bis 18.30 Uhr, die Kassen schließen eine Stunde früher, Tagestickets (Durchfahrt mit eigenem Pkw) Erw. 45,50 €, Kinder (3–12 Jahre) 35,50 €, Serengeti-Bus-Safari 6,50 €/Pers.

› Anfahrt: Mit dem Pkw auf der A7 bis Abfahrt Westenholz und weiter Richtung Hodenhagen. Von der Abfahrt bis zum Park sind es nur wenige Minuten Fahrzeit. Im Sommer verkehrt der kostenlose „Erlebnisbus“ u. a. vom Bahnhof Hodenhagen bis zum Serengeti-Park.

LÜNEBURGER HEIDE AKTIV

055ml-hpe

Wandern

Die Lüneburger Heide ist *die* Wanderregion schlechthin, und das nicht erst seit Heidepastor Bode (s. S. 45) oder Hermann Löns (s. S. 110). Schon viele Jahre zuvor haben sich Menschen aufgemacht, um die einzigartige Kulturlandschaft per pedes zu durchstreifen. Heute ist die Lüneburger Heide von einem engmaschigen Netz an meist sehr gut ausgebauten Wanderwegen erschlossen. Die Möglichkeiten reichen dabei von kurzen Spaziergängen über Tagestouren bis hin zu mehrtägigen Fernwanderungen.

Die Wanderungen sind allesamt leicht, verlangen keine besonderen Fähigkeiten und sind das ganze Jahr über möglich. Es gibt keine großen Höhen zu erklimmen und ein guter Orientierungssinn ist nur in den wenigsten Fällen gefragt, denn die Wege und Pfade sind in der Regel sehr gut markiert. Nur für **Menschen mit eingeschränkter Mobilität** können einzelne, z. B. sandige Abschnitte Probleme bereiten. Den Verantwortlichen in den jeweiligen Gemeinden ist das Problem aber bewusst und so entstehen immer mehr barrierefreie Wanderwege.

Neben den normalen Wanderwegen gibt es noch ein paar außergewöhnliche Varianten: einen Nacktwanderweg und einige Barfußwanderwege. Auf dem **Naturistenweg Undeloh** (s. S. 41), der neben einem weiteren Nacktwanderweg im Harz in Deutschland einzigartig ist, wandert man nur mit Rucksack und Schuhen bekleidet durch die Heide. Ein neuer Trend ist das **Barfußwandern**, das in der Heide wegen der sandigen, weichen Böden besonders angenehm und fast überall möglich ist. Besonders geeignet sind die Wege im Büsenbachtal (9) bei Handeloh, in der Misselhorner Heide bei Hermannsburg (33) und am Wietzer Berg bei Müden (Örtze) (31). Informationen zu Wandermöglichkeiten vor Ort, meist mit detailliertem Kartenmaterial, halten die jeweiligen Touristeninformationen bereit.

Auch einige (markierte) **Langstreckenwanderwege**, von denen man selbstverständlich auch nur einzelne Abschnitte in Angriff nehmen kann, durchqueren die Lüneburger Heide und streifen viele der in diesem Buch beschriebenen Orte. An erster Stelle muss dabei der **Heidschnuckenweg** genannt werden, der einer der beliebtesten Wanderwege in Deutschland ist. Er gehört zu den „Top Trails of Germany" und ist vom Deutschen Wanderverband als Qualitätswanderweg zertifiziert. Der Weg verläuft von Neugraben-Fischbek (1) bis nach Celle (37) durch die ganze Lüneburger Heide und streift dabei die Orte Handeloh (8), Wesel (14), Undeloh (13), Wilsede (16), Niederhaverbek (17), Behringen (18), Schneverdingen (19), Bispingen (22), Soltau (27), Müden (Örtze) (31), Faßberg (32) und Weesen. Je nach Etappenzusammenstellung ist man auf dem ca. 220 km langen Fernwanderweg zwischen acht und vierzehn Tage unterwegs. Darüber hinaus wurden noch eine Reihe von kürzeren Touren entlang des Heidschnuckenwegs, die sog. **Heideschleifen**, ausgewiesen. Wer sich auf den Heidschnuckenweg machen möchte, dem sei der Wanderführer „Heidschnuckenweg mit Heideschleifen" von Hartmut und Friederike Engel aus dem Conrad Stein Verlag empfohlen.

◁ Vorseite: Durch den Wacholderwald Schmarbeck bei Faßberg (32) verlaufen schöne Wanderwege

078ml-hpe

Auch ein Jakobsweg führt durch die Heide. Der **Jakobsweg Lüneburger Heide** verläuft in zwei Wegvarianten von der Jacobi-Kirche in Hamburg bis zum Frauenkloster Mariensee in Neustadt am Rübenberge in der Nähe von Hannover. Beide Varianten bringen es insgesamt auf eine Länge von über 400 km.

Einer der ältesten Fernwanderwege überhaupt ist der ca. 150 km lange **Freudenthalweg.** Er bestand schon in der ersten Hälfte des 20. Jh. und führt in Nord-Süd-Richtung von Hamburg nach Verden durch die westliche Lüneburger Heide.

Wer sich auf eine richtig lange Wanderschaft begeben will, der sollte es mal mit dem **Europäischen Fernwanderweg E1** probieren, der vom Nordkap bis nach Salerno im Süden Italiens führt. Natürlich lässt der mit einem weißen Andreaskreuz markierte, ca. 8000 km lange Weg auch die Lüneburger Heide nicht aus.

Von Ost nach West verläuft der nur 44 km lange **Pastor-Bode-Weg.** Er verbindet Lüneburg 5 über Egestorf 15 und Wilsede 16 mit dem Wilseder Berg. Der sog. „Pfad der Heideköniginnen", der Wanderweg **Lila Krönung,** verbindet über knapp 50 km Schneverdingen 19 im Westen mit Amelinghausen 26 im Osten.

Radfahren

Das vorbildlich markierte Radwegenetz in der Lüneburger Heide und ihrer Peripherie ist über 2000 km lang. Mehr als 70 Tagestouren, meist Rundwege, sind ausgewiesen. Dazu kommen zahlreiche Fernradwege. Langsame Genussradler kommen genauso auf ihre Kosten wie sportliche Fahrer oder solche, die eine mehrtägige Tour planen. Der in der Nordheide verkehrende Heide-Shuttle nimmt zudem auch Fahrräder mit (s. S. 20). Wer abseits der markierten Routen fahren will, muss allerdings damit rechnen, dass manche Streckenabschnitte sehr sandig sein können und sich nicht gut zum Radfahren eignen.

Die Wanderwege in der Heide sind wie hier in Wilsede 16 bestens markiert

079mö-hpe

Radler finden in der Heide neben breiten Wegen …

082ml-hpe

Der 220 km lange **Radweg Naturpark Südheide** ist eine Rundtour in der südlichen Heide, die von Celle 37 über Wietze, Bergen, Hermannsburg 33, Müden (Örtze) 31, Faßberg 32, Eschede und Wienhausen 38 wieder zurück nach Celle führt.

Ebenfalls in der Südheide verläuft die 165 km lange **Postmeister-Route.** Sie beginnt und endet in Wietze und passiert u. a. Bispingen 22, Bergen, Hermannsburg 33 und Müden (Örtze) 31.

Die **Heide-Erlebnis-Tour,** ebenfalls ein Rundweg, verläuft in der nördlichen Heide von Amelinghausen 26 über Bispingen 22, Schneverdingen 19, Wilsede 16, Undeloh 13, Egestorf 15 und Oldendorf wieder zurück zum Start.

Von den überregionalen Fernradwegen seien folgende genannt:

Etwa 140 km lang ist der **Ilmenauradweg,** der zum Teil durch die Lüneburger Heide führt. Er folgt dem Verlauf des gleichnamigen Flusses von Bad Bodenteich über Lüneburg 5 bis an die Mündung in die Elbe bei Hoopte etwas östlich von Hamburg.

Der über 400 km lange **Leine-Heide-Radweg** beginnt an der Quelle bei Leinefelde in Thüringen und folgt dem Verlauf der Leine bis zu deren Mündung in die Aller. Dort geht es dann in die Heide und über Hodenhagen 43, Bad Fallingbostel 41, Dorfmark 42, Soltau 27 und Schneverdingen 19 nach Hamburg.

Durch Celle 37 verläuft der **Aller-Radweg,** der der Aller 250 km von ihrer Quelle in Sachsen-Anhalt bis nach Verden kurz vor Bremen folgt.

… auch schmale Fahrspuren

Baden

Wer in die Lüneburger Heide fährt, kommt nicht unbedingt zum Baden oder um Wassersport zu betreiben. Für alle, die dennoch ins kühle Nass springen oder in einer Therme mit angeschlossener Saunalandschaft ein paar Stunden relaxen möchten, gibt es sowohl in Frei- als auch in Hallenbädern entsprechende Angebote. Besonders beliebt und weit über die Region hinaus bekannt sind die beiden **Sole-Thermalbäder** in Soltau (s. S. 71) und Lüneburg (s. S. 35).

Wer lieber in **Naturbadeseen** oder an Naturbadestellen baden möchte, findet auch hierzu Gelegenheit. Möglichkeiten gibt es in Schneverdingen 19, Behringen 18, Amelinghausen 26, Munster 28, Dorfmark 42 und Hodenhagen 43.

Kanu und Kajak

Die Lüneburger Heide ist ein ideales Revier für Paddler. Die ruhigen, langsam dahinströmenden Heideflüsse eigen sich besonders für Anfänger, Familien und alle Paddler, die es ruhig angehen lassen und die Natur genießen wollen

Die **Luhe**, die bei Bispingen entspringt, darf von Wetzen bis nach Winsen auf einer Strecke von 29 km befahren werden, allerdings nur zwischen 9 und 18 Uhr und nicht gegen den Strom (Bußgeldgefahr). An Himmelfahrt und am Pfingstwochenende gibt es auf einigen Abschnitten Einschränkungen.

Die **Böhme** darf vom 1.3. bis 15.7. aus Naturschutzgründen nicht befahren werden. Ansonsten ist sie von Tetendorf bei Soltau über Dorfmark, Bad Fallingbostel und Walsrode bis nach Böhme auf einer Strecke von 61 km frei, wenn der Wasserstand es zulässt. Fällt er an den Pegeln unter die rote Markierung, ist das Befahren verboten.

Die **Örtze** darf bei ausreichendem Wasserstand vom 16.5. bis 14.10. zwischen 9 und 18 Uhr auf einer Länge von 55 km von Müden (Örtze) über Hermannsburg, Oldendorf und Wol-

Paddler finden auf der Böhme, hier die Einsetzstelle bei Bad Fallingbostel 41, hervorragende Bedingungen

080ml-hpe

tershausen bis Winsen (Aller) befahren werden.

Die **Aller** eignet sich auf einer Strecke von 95 km von Wienhausen über Celle bis Verden zum Paddeln.

Reiten

Für Ross und Reiter stehen in der Lüneburger Heide fast 50 ausgewiesene **Reitrouten** mit unterschiedlichen Schwierigkeitsgraden und Längen zur Verfügung. Auch drei Mehrtagestouren mit Längen zwischen 80 und 115 km sind möglich. Weitere Informationen und Karten zu den Routen erhält man unter https://naturpark-lueneburger-heide.de/aktiv-und-mobil-in-der-heide/reiten.

Wer ein eigenes Pferd besitzt, kann es in Gastboxen unterstellen. Auch das Ausleihen eines Pferds ist möglich.

Reiter sind wie hier in der Fischbeker Heide (2) an vielen Orten der Region willkommen

Golf

Wer bei einem Trip in die Lüneburger Heide seinem Lieblingssport nachgehen will, findet in der Lüneburger Heide mehrere Golfplätze, wo dies auch Nichtvereinsmitgliedern möglich ist. Hier eine Auswahl von Plätzen direkt in der Heide:

S175 **Golfpark Soltau,** Hof Loh, 29614 Soltau, Tel. 05191 9676334, https://golf-soltau.de. Der 70 ha große Golfplatz hat einen 18-Loch Meisterschaftsplatz und zusätzlich einen weiteren 9-Loch Platz. Eine besondere Attraktion ist Fußballgolf, ein Spaß für die ganze Familie.

S176 **Golf-Club Munster,** Kohlenbissen 55, 29633 Munster, Tel. 0160 96413947, https://golfclubmunster.de. Der an drei Seiten von Wald umgebene Golfplatz verfügt über 18 Bahnen auf einem ca. 23 ha großen Gelände.

S177 **Golf Club Tietlingen,** Tietlingen 6c, 29664 Walsrode, Tel. 05162 3889, https://tietlingen.de. Die 18-Loch-Anlage, eine der schönsten in Norddeutschland, liegt nahe Walsrode auf einem leicht hügeligen Gelände mit einer Reihe von Wasserhindernissen.

081ml-hpe

084ml-hrs

Events, Feste und Folklore

Bräuche und Feiern spielen im Leben der Menschen in der Lüneburger Heide eine bedeutende Rolle. Sie spiegeln die Verbundenheit der Bewohner mit ihrer Region, deren Natur und Landschaft, Kultur und Geschichte wider. Manche, wie die **Sülfmeistertage** (s. S. 126), haben eine uralte Tradition. Andere, wie das **Heidekartoffelfest** (s. S. 126) in Bad Bevensen, sind neueren Datums und eine Erfindung cleverer Marketingstrategen.

Eine z. T. über 100-jährige Geschichte haben die **Heideblütenfeste**, die jedes Jahr im Herbst gefeiert werden und ihren Höhepunkt in der Krönung der Heidekönigin haben. Die beiden bekanntesten finden in Schneverdingen 19 und Amelinghausen 26 statt. Die mehrtägigen Veranstaltungen locken Gäste in großer Zahl an und bieten ein buntes Familienprogramm mit Musik, Tanz, kulturellen Veranstaltungen und Kirmes. Den Abschluss bildet ein Festumzug, der ein wenig an die großen Umzüge in den Karnevalshochburgen erinnert.

Viele Bräuche und Feste in der Lüneburger Heide sind eng mit der Natur und der Landwirtschaft verbunden. Das zeigt sich zum Beispiel an den **Erntedankfesten**, die im Herbst in vielen Gemeinden gefeiert werden, und am **Heidekartoffelfest** (s. S. 126) in Bad Bevensen, das im Spätsommer stattfindet und seinen Höhepunkt mit der Wahl der Heidekartoffelkönigin hat.

◁ Vorseite: Das Heide Park Resort Soltau (s. S. 69) bietet zahlreiche rasante Fahrgeschäfte

▷ An den Umzügen zum Abschluss der Heideblütenfeste nehmen zahlreiche Musikgruppen aus dem In- und Ausland teil

In der Vorweihnachtszeit erstrahlen zahlreiche Orte in der Lüneburger Heide in festlichem Glanz. Die großen **Weihnachtsmärkte** in Celle 37 und Lüneburg 5, aber vor allem auch der **historische Christmarkt** in Lüneburg am ersten Wochenende im Dezember ziehen viele Besucher an. Auch die zahlreichen kleineren Weihnachtsmärkte in den anderen Orten laden zu einem Besuch ein und bieten manchmal mehr Ruhe und Besinnlichkeit als die großen Märkte.

Im Frühjahr ist die Zeit der **Osterfeuer**, die am Ostersamstag in vielen Gemeinden entfacht werden. Sie gelten als Symbol für die Auferstehung Jesu Christi, sollen aber auch den Winter vertreiben und den Frühling einläuten. Der Frühling wird auch mit den **Frühlingsfesten** begrüßt, zum Beispiel mit dem Frühjahrsmarkt in Lüneburg.

Weitere aktuelle Veranstaltungstipps für die Lüneburger Heide findet man unter www.lueneburger-heide.de/service/veranstaltungen.

April/Mai

- **Frühjahrsmarkt Lüneburg** (April), www.lueneburg.info/fruehjahrsmarkt-lueneburg: vier Tage Jahrmarkt auf den Sülzwiesen mit Fahrgeschäften, Bratwurst-, Fischbrötchen- und Süßigkeitsbuden und vielem mehr. Besonders viele Schaulustige zieht das Höhenfeuerwerk am Freitagabend an.
- **Oldtimertreffen Hermannsburg** (Mai), https://oldtimerfreunde-suedheide.jimdosite.com: Besitzer von historischen Motorfahrzeugen treffen sich im Örtze-

085ml-hpe

park. Zu sehen sind über 200 alte Pkw, Traktoren, Motorräder, Landmaschinen und mehr. Mit einem umfangreichen Rahmenprogramm, u. a. Livemusik und eine Oldtimer-Rallye.

Juni/Juli

- **OPEN R Festival Uelzen** (Juni), https://openrfestival.de: dreitägiges Rock-, Pop- und Schlagerfestival mit jährlich wechselnden nationalen und internationalen Musikgrößen. Hier spielten schon Elton John, Sting, Max Giesinger und Mark Forster.
- **Weinmarkt in Uelzen** (Juni), www.hansestadt-uelzen.de/home.aspx: zweiwöchiges Weinfest auf dem Kirchplatz mit Weinproben, Livemusik und der Wahl der Weinkönigin
- **Heide-Schützenfest Bispingen** (Juli), www.schuetzenverein-bispingen.de: dreitägiges Fest um den 3. Sonntag im Juli mit traditionellem Umzug, Livemusik und Disco

Heidekönigin

Einmal im Leben Königin sein – viele Frauen träumen davon und in der Lüneburger Heide kann der Traum Wirklichkeit werden, zumindest, wenn man einige Voraussetzungen erfüllt: Die zukünftige Regentin muss aus der Region kommen, redegewandt sein und ein ansprechendes Erscheinungsbild haben. In Schneverdingen 19 wird die zukünftige Königin durch den Vorstand des veranstaltenden Vereins schon Monate vor der Krönung bestimmt. In Amelinghausen 26 geht es demokratischer zu. Hier wird die Königin am letzten Tag des Fests vom anwesenden „Volk" gewählt.

Langeweile kommt bei den Majestäten nicht auf. In ihrem Amtsjahr repräsentieren sie ihre Region bei zahlreichen Veranstaltungen im In- und Ausland. Ein Ehrenamt mit großem Zeitaufwand.

August

- **Heideblütenfest Amelinghausen,** www.heidebluetenfest.com: Während der neuntägigen Festwoche werden zahlreiche Musik-, Show und andere Veranstaltungen angeboten. Höhepunkte am letzten Tag sind die Wahl der Heidekönigin und der anschließende Festumzug mit den Prunkwagen.
- **Heideblütenfest Schneverdingen,** https://heidenlust.de/heideblütenfest: traditionelles Fest am letzten Augustwochenende mit zahlreichen Veranstaltungen wie Musik- und Theateraufführungen sowie Lampionumzug. Höhepunkt ist der Festumzug mit anschließender Krönung der Heidekönigin.
- **Seefest in Behringen,** www.behringen-online.de: zahlreiche Veranstaltungen rund um den Brunausee. Für das leibliche Wohl sorgen Stände mit Leckereien – sowohl in fester als auch in flüssiger Form. Höhepunkt sind die „Leuchtenden Wasserspiele“ auf dem See und das große Höhenfeuerwerk.
- **Sommerfest Landgestüt Celle,** https://landgestuetcelle.de: mehrtägige Veranstaltung für die ganze Familie, bei der sich alles um Pferde und deren Zucht dreht. Das abwechslungsreiche Programm bietet u. a. Spring-, Dressur- und Fahrvorführungen.
- **St.-Laurentius-Markt Müden,** https://foerderkreis-muedenoertze.de: traditioneller Jahrmarkt mit verschiedensten Ausstellern im Ortskern von Müden
- **Strandfest Dorfmark,** www.strandfest-dorfmark.de: Das dreitägige Fest mit Beach Party, Kleinkunstveranstaltungen, Wasserorgel, Höhenfeuerwerk, Festumzug und vielem mehr bietet sich für die ganze Familie an.

Der Weihnachtsmarkt in Lüneburg gehört zu den schönsten in der Region

September/Oktober

- **Historischer Jahrmarkt Freilichtmuseum Kiekeberg** (Ende September/Anfang Oktober), www.kiekeberg-museum.de: Der jährlich stattfindende historische Jahrmarkt mit seinen nostalgischen Fahrgeschäften, den Schieß- und Wurfbuden, Flohzirkus, Puppentheater und Kartenlegern versetzt Groß und Klein in die Zeit zwischen 1900 und 1960.
- **Sülfmeistertage Lüneburg** (Ende September/Anfang Oktober), https://suelfmeistertage.de: Die traditionell an drei Tagen an einem Wochenende im Herbst stattfindenden Sülfmeistertage locken von weither zahlreiche Besucher an. Neben spannenden Wettkämpfen um den Titel des Sülfmeisters (s. S. 34) gibt es einen mittelalterlichen Jahrmarkt, Livemusik, einen prächtigen Umzug und zahlreiche weitere Highlights.
- **Lichterfest Soltau** (September), www.soltau.de („Veranstaltungen“): Jeweils am ersten Wochenende im September wird der Böhme-Park festlich illuminiert. Auf mehreren Bühnen wird Livemusik oder Kleinkunst geboten und für die Verköstigung ist ebenfalls gesorgt.
- **Heidekartoffelfest Bad Bevensen** (September), www.bad-bevensen.de/veranstaltungen-in-bad-bevensen: Beim Fest rund um die Heidekartoffel gibt es eine Woche lang verschiedene kulturelle Veranstaltungen. Höhepunkt ist der Sonntag mit einem Erntedank-Gottesdienst, viel Musik, der Krönung der Heidekartoffelkönigin und einem Festumzug.
- **Honigfest Wietzendorf** (September), www.wietzendorf-touristik.de: Jeweils am letzten vollen Septemberwochenende wird im Honigdorf das traditionelle Honigfest gefeiert. Mit einer bunten Mischung aus Musikfestival, Tanz und Show, Kunsthandwerkermarkt und Ständen mit schmackhaften Speisen und Getränken ist es ein Fest für Jung und Alt.

- **Oktoberfest Lüneburg** (September), www.lueneburg.info/oktoberfest-lueneburg: Vier Tage lang verwandeln sich die Lüneburger Sülzwiesen in einen Münchner Jahrmarkt mit Fahrgeschäften aller Art, Buden und Ständen, an denen man Weißwurst, Brezeln und eine ordentliche Maß Bier bekommt. Wer mag, sucht sich einen Platz im 2500 Gäste fassenden Bayernzelt, wo mit Livemusik für waschechte Oktoberfest-Stimmung gesorgt wird.
- **Vieh- und Krammarkt Egestorf** (Oktober), https://egestorf.de: Jeweils am letzten Sonntag und Montag im Oktober wird der traditionelle Herbstmarkt veranstaltet. Der Platz rund um die Egestorfer Kirche verwandelt sich dann in eine bunte Budenstadt. Wie früher kann man auch heute noch neben allerlei „Krams" Tiere – vom Meerschweinchen über Hühner und Kaninchen bis hin zu Pferden – kaufen.

Dezember

Typische Weihnachtsmärkte gibt es in der Lüneburger Heide nahezu in jeder größeren Ortschaft. Folgende sind besonders erwähnenswert:

- **Historischer Christmarkt Lüneburg,** www.weihnachtsstadt-lueneburg.de/weihnachtsmaerkte-lueneburg: Neben mehreren „normalen" Weihnachtsmärkten in der Stadt (der bekannteste findet von Ende November bis zum 23.12. auf dem Platz vor dem Rathaus statt) ist vor allem der Historische Christmarkt für Besucher interessant. Er findet an einem Wochenende Anfang Dezember in den verwinkelten Gassen der Altstadt rund um die St. Michaeliskirche statt und schickt die Besucher auf eine Zeitreise ins Mittelalter.
- **Weihnachtsmarkt der Kunsthandwerker im Freilichtmuseum Kiekeberg,** www.kiekeberg-museum.de/ihren-besuch-planen/maerkte/kunsthandwerk: Jeweils am ersten und dritten Adventswochenende bieten Kunsthandwerker aus ganz Deutschland ihre Produkte im historischen Ambiente des Freilichtmuseums an.
- **Weihnachtsmarkt Celle,** www.celle.de/Veranstaltungen/Celler-Weihnachtsmarkt: Der Celler Weihnachtsmarkt (Ende November–Ende Dezember) gehört zu den schönsten in Deutschland. Rund 70 Buden und Stände bieten in den festlich erleuchteten Gassen der Altstadt neben unterschiedlichem Kunsthandwerk auch kulinarische Köstlichkeiten an.

Lüneburger Heide kulinarisch

Die regionale Küche zeigt die Verbundenheit der Menschen mit der Natur. Sie ist bodenständig, überraschend vielfältig und verwöhnt mit besonderen Geschmackserlebnissen. Unbedingt probieren sollte man **Heidschnuckenfleisch.** Die Tiere werden ganzjährig draußen gehalten und fressen frische Gräser und Wildkräuter wie Thymian und Majoran. Ihr Fleisch ist sehr zart und fettarm und zeichnet sich durch einen wildbretähnlichen Geschmack aus. Es wird in vielen Variationen angeboten, z. B. als Braten, Ragout, Filet oder Kotelett. Probieren sollte man unbedingt auch die zahlreichen weiteren Heidschnuckenprodukte wie Bratwurst, Salami, Pastete oder Eintopfgerichte.

Als Beilage darf keinesfalls die „echte" **Heidekartoffel** fehlen. Auch sie bekommt man in verschiedenen Sorten und zahlreichen Variationen und die Köche denken sich immer wieder neue raffinierte Zubereitungsmöglichkeiten aus. Wenn man zur passenden Zeit in der Heide ist, dann darf es als Gemüse auch gern Spargel sein. Der **Heidespargel**, der mit den sandigen Böden ideale Wachstumsbedingungen vorfindet, ist ausgesprochen schmackhaft.

Eine weitere regionale Spezialität ist der **Heidjer Knipp.** Die Grützwurst, die mit dem Bremer Pinkel verwandt ist, besteht aus Hafergrütze, Schweinskopf, Schweinebauch, Schwarte, Rinderleber und Brühe. Sie wird mit Salz, Piment und Pfeffer gewürzt und traditionell warm oder auch kalt mit Gurke, süß-saurem Kürbis, Apfelmus und Roter Bete verzehrt. Dazu passen Salz- oder Bratkartoffeln.

Auch den **Heidehonig** sollte man auf jeden Fall probieren. Er unterscheidet sich geschmacklich (und preislich) gewaltig von den im Supermarkt angebotenen, oft industriell verarbeiteten Honigen. Es gibt ihn streichzart cremig oder mehr flüssig. Der typische Geschmack ist kräftig herb-aromatisch, manchmal mit einem leicht bitteren Anflug. Die Farbe variiert von rötlich-braun bis dunkel-beige.

Der Anbau von **Buchweizen** hat in der Lüneburger Heide eine lange Tradition, kam dann aber fast gänzlich zum Erliegen, bis er in den letzten Jahren eine Renaissance erlebte. Heutzutage ist Buchweizen eine echte Delikatesse und wird in vielen Variationen fast überall in der Lüneburger Heide in Bäckereien, Cafés und Restaurants angeboten. Der Hit ist dabei die **Lüneburger Heide Buchweizentorte.**

087ml-hpe

Bei Buchweizentorte kann man nur schwer widerstehen

Buchweizen

Der sandige und nährstoffarme Boden der Lüneburger Heide bietet gute Bedingungen für den Anbau von Buchweizen. Die Samen des Knöterichgewächses sehen wie Bucheckern aus, sind aber viel kleiner und mit Buchen auch nicht verwandt. Sie waren lange Zeit eine der wichtigsten Nahrungsquellen der Landbevölkerung. Die im Herbst geernteten Samen wurden entweder zu Buchweizenmehl verarbeitet und zum Backen für Pfannkuchen, Brot und Torten verwendet oder auch grob geschrotet als Buchweizengrütze verzehrt.

Mit der Verbreitung der Kartoffel verlor der Buchweizen an Bedeutung, da der Anbau und die Ernte des Heidekorns im Vergleich zu anderen Ackerfrüchten aufwendiger sind. Allerdings erlebt der Buchweizen in den letzten Jahren einen regelrechten Boom. Viele Landwirte in der Lüneburger Heide fangen wieder an, Buchweizen anzubauen, und in historischen Mühlen wird auch wieder Buchweizen zu Schrot und Mehl verarbeitet, so z. B. in Meyer's Windmühle in Bardowick (s. S. 37).

Der hohe Anteil an Eiweiß und Stärke macht Buchweizen zu einem wertvollen Nahrungsmittel, das sich positiv auf Gefäßerkrankungen auswirken soll und die Durchblutung steigern kann. Zudem sind die Samen glutenfrei und werden daher gern als Weizenersatz genutzt.

Buchweizentorte

Wer bei seiner Reise in die Lüneburger Heide auf den Geschmack gekommen ist und zu Hause eine Buchweizentorte backen möchte, dem sei hier das Rezept verraten:

Zutaten für den Teig: 6 Eier, 150 g Zucker, 150 g Buchweizenmehl, 1 Tüte Vanillezucker, 1/2 Tüte Backpulver, 1 Prise Salz

Zutaten für die Füllung: 500 g Preiselbeerkonfitüre, 600 ml Sahne, etwas Zucker, 50 g geraspelte Schokolade (am besten Zartbitter)

Eigelb, Zucker und Vanillezucker schaumig rühren. Das Eiweiß mit einer Prise Salz steif schlagen und die Eigelbmasse mit dem Buchweizenmehl und dem Backpulver vorsichtig unter das geschlagene Eiweiß ziehen. Den Teig in einer Springform bei 180 °C etwa 30 Min. backen.

Den Boden abkühlen lassen und einmal horizontal durchschneiden. Einen Teil mit der Preiselbeerkonfitüre bestreichen und darüber die Hälfte der geschlagenen und leicht gezuckerten Sahne verteilen. Den zweiten Boden aufsetzen, mit der restlichen Sahne bestreichen und mit den Schokoraspeln verzieren. Man kann auch einen Teil der Preiselbeeren vorsichtig unter die Sahne heben.

Guten Appetit!

088ml-hpe

Stöbern und Shoppen in der Lüneburger Heide

089ml-hpe

Die Fußgängerzonen der größeren Städte Lüneburg, Soltau, Uelzen und Celle bieten zahlreiche Möglichkeiten, um ausgiebig zu shoppen. Besonders Lüneburg mit seinen vielen kleinen und oft inhabergeführten Geschäften bietet sich für eine **Shoppingtour** an.

In fast jeder Stadt findet mindestens einmal in der Woche ein **Bauernmarkt** statt. Auf den Märkten, die z. T. eine jahrhundertealte Tradition haben, werden neben frischen regionalen Produkten oft auch Handwerkskunst und Souvenirs angeboten.

Für den ganz großen Einkauf sollte man sich nach Soltau begeben. Dort befindet sich direkt an der Autobahnabfahrt „Soltau-Ost“ das **Designer Outlet Soltau** (s. S. 72). In dem „Shopping Village“, das mit typischen reetgedeckten Fachwerkhäusern gestaltet wurde, bieten 60 Mode- und Designer-Marken ihre Kollektionen zu günstigeren Preisen an.

Honig und Heidschnucken – typisch Heide

Wer ein Andenken aus der Heide mit nach Hause nehmen möchte, hat die Qual der Wahl. Natürlich fallen einem sofort der Heidehonig und Heidschnucken(fleisch) ein. Letztere gibt es in allen möglichen Varianten, z. B. aus Holz, Ton und Kunststoff oder schön weich als Kuscheltier. Weich und warm sind auch Heidschnuckenfelle, die mancherorts angeboten werden. Und nahezu überall kann man Heidekränze oder kleine Weidenkörbchen bekommen. Oder wie wäre es z. B. mit außergewöhnlichen Kartoffeln aus der Gegend um Bad Bevensen? Oder mit einem Säckchen Salz aus der Saline in Lüneburg 5? Gern genommen wird auch der Heide-Gin aus der Brennerei Bosselmann (s. S. 48) in Egestorf. Fast schon exotisch ist Heideblütengelee, das aus dem Sud der Blüten gewonnen und gern zu Käse gegessen wird. Für Teeliebhaber bietet sich zudem Heideblütentee an.

Wenn man sich bei den vielfältigen Angeboten partout nicht entscheiden kann, kann man auch zu einem Präsentkorb greifen, der eine Auswahl an typischen regionalen Produkten enthält. Sie gibt es fertig in vielen Geschäften und in allen Preislagen. Aber auch individuell lassen sie sich nach eigenen Vorlieben und Budget zusammenstellen.

Von den Anfängen bis zur Gegenwart

Die Lüneburger Heide ist geologisch gesehen noch eine sehr junge Landschaft, die während der **Saale-Kaltzeit** entstand, die etwa 130.000 Jahre andauerte. Während dieser Zeit war das Gebiet dreimal von flächendeckenden Inlandeisschildern bedeckt, die das Gelände formten. Die jüngere Weichsel-Kaltzeit, die bis etwa 10.000 Jahre vor unserer Zeitrechnung andauerte, erreichte die Heide dagegen nicht mehr.

Vor gut 17.000 Jahren kamen die ersten Menschen in die Region. Ackerbauern legten ca. 4000 v. Chr. **erste Siedlungen** an, die aber immer wieder verlegt werden mussten, weil der nährstoffarme Boden nach kurzer Zeit ausgelaugt war. Erst um 800 n. Chr. entstanden die ersten ortsfesten Siedlungen. Die ersten **Stadtgründungen** sind in der Zeit um das Jahr 1000 beurkundet.

230.000–130.000 v. Chr.: Bildung der Landschaft in der Saale-Kaltzeit

15.000 v. Chr.: Erste nomadische Sammler und Jäger wandern ein.

4000 v. Chr.: erste nomadische Siedlungen von Ackerbauern

800: Die ersten ortsfesten Siedlungen entstehen.

956: erste urkundliche Erwähnung von Lüneburg

1059: erste urkundliche Erwähnung von Hermannsburg

1250: Gründung Uelzens

1293: erste urkundliche Erwähnung von Amelinghausen

1363: Lüneburg wird Vollmitglied der Hanse.

Dr. Bosselmann – „Alchimist, Botanist, Jäger und Sammler" und Chef der Heide-Gin-Brennerei (s. S. 48)

Das gewaltige Hermann-Löns-Denkmal (s. S. 82) am Wietzer Berg bei Müden (Örtze)

090ml-hpe

091ml-hpe

1669: letzter Hansetag in Lübeck

1820–1826: Gaußsche Landvermessung (s. S. 83)

1858/1859: Die erste Tiefenbohrung der Welt, bei der auf Erdöl gestoßen wird (s. S. 105).

1891: Entstehung der großen Truppenübungsplätze

1910: Der Verein Naturschutzpark kauft Heideflächen bei Wilsede.

1921: Große Flächen um den Wilseder Berg werden unter Naturschutz gestellt.

1922: erstes Heideblütenfest in Schneverdingen

1933: Baubeginn für den Fliegerhorst und die Siedlungen in Faßberg

Zeuge der dunkelsten Zeit der deutschen Geschichte: die Gedenkstätte Bergen-Belsen 34

1945: Befreiung des Konzentrationslagers Bergen-Belsen

1948/1949: Von Faßberg starten die Rosinenbomber der Luftbrücke nach Berlin.

1949: Wahl der ersten Heidekönigin in Amelinghausen

1956: Gründung des Naturparks Lüneburger Heide

1964: Gründung des Naturparks Südheide

1975: Waldbrandkatastrophe in der Südheide

2000: König Leo wird der erste schwule Heidekönig von Lüneburg

2000: In Uelzen wird der Hundertwasserbahnhof eingeweiht.

2007: Der Naturpark Lüneburger Heide wird um das Vierfache vergrößert.

2012: Der 32. Internationale Hansetag der Neuzeit wird in Lüneburg abgehalten.

2022: Müden feiert sein 1000-jähriges Jubiläum.

ANHANG

083ml-hpe

Praktische Reisetipps

An- und Rückreise

Mit dem Auto: Von Westen und Osten über die A2 und die A7, von Norden und Süden über die A7.

Mit der Bahn: Lüneburg, Celle und Uelzen erreicht man mit dem ICE. Von den großen Bahnhöfen Hamburg und Hannover im Norden und Süden der Heide kommt man mit Regionalbahnen der DB (www.bahn.de) und der Gesellschaften Metronom (www.der-metronom.de) und Erixx (www.erixx.de) zu mehr als 50 Bahnhöfen in der Lüneburger Heide.

Mit dem Fernbus: Flixbus (www.flixbus.de) fährt Lüneburg, Soltau, Celle und Bergen an.

094ml-hpe

Barrierefreies Reisen

Mehr und mehr stellt sich die Region auch auf Reisende mit Handicap und besonderen Bedürfnissen ein. Das gilt für Unterkünfte, Veranstaltungen und Attraktionen, aber auch für Unternehmungen im Freien. So wurden z. B. einige **Wanderwege** barrierefrei angelegt und der **Heide-Shuttle** (s. S. 20) hat Platz für einen Rollstuhl. Weitere Informationen finden sich online unter https://lueneburger-heide.de (in das Suchfeld „barrierefrei" eingeben).

Informationsquellen

Lüneburger Heide im Internet

- **www.lueneburger-heide.de:** offizielles Informationsportal der Lüneburger Heide GmbH mit ausführlichem Unterkunftsverzeichnis und Buchungsmöglichkeit, Restaurantempfehlungen, Veranstaltungstipps, Infos zu Ausflugsmöglichkeiten, Wanderwegen und vielem mehr.
- **www.erlebniswelt-lueneburger-heide.de:** Internetportal für den Tourismus im Landkreis Heidekreis mit ausführlichen Informationen, Unterkunftsverzeichnis und Veranstaltungskalender (Buchungen von Unterkünften und Veranstaltungen möglich) sowie der Möglichkeit, Prospekte zu bestellen oder herunterzuladen.
- **www.bispingen.de:** offizieller Internetauftritt der Bispingen Touristik mit Unterkunftsverzeichnis und Buchungsmöglichkeit sowie Veranstaltungskalender für die Region rund um Bispingen.

« Vorseite: Überall dort, wo es größere Wasserflächen gibt, kann man auch Graureiher beobachten

- **www.lueneburg.info:** Informationsportal der Lüneburg Marketing GmbH mit Hintergrundinformationen, Veranstaltungskalender und Buchungsmöglichkeiten für Unterkünfte und Veranstaltungen in Lüneburg und Umgebung.
- **www.celle.de/tourismus:** Die offizielle Website der Stadt Celle bietet u. a. Buchungsmöglichkeiten für Unterkünfte.

Publikationen und Medien

Stadtpläne und **Landkarten** gibt es (oft kostenlos) in den jeweiligen Touristeninformationen und können vielfach auch von deren Websites heruntergeladen werden. Wer detaillierte Karten zum **Wandern** oder **Radfahren** benötigt, dem seien „Naturpark Lüneburger Heide“ von freytag & berndt oder die ADFC-Regionalkarte „Lüneburger Heide“ empfohlen.

Smartphone-Apps

- **FahrPlaner,** kostenlos für iOS und Android. Mit der App des Verkehrsverbunds Bremen/Niedersachsen kann man Fahrten mit dem ÖPNV in Niedersachsen, Bremen und Hamburg sowie im deutschlandweiten Zugverkehr planen und buchen.
- **Taxi Deutschland,** kostenlos für iOS und Android. Deutschlandweite Bestellung von Taxis in jeder Stadt mit mehr als 5000 Einwohnern, mit Liveverfolgung.
- **RegioApp,** kostenlos für iOS und Android. Umkreissuche nach Geschäften mit regionalen Lebensmitteln, Dorf- und Hofläden, Wochenmärkten und Gastronomie mit regionalen Angeboten.

◁ Der Heidschnuckenweg (s. S. 118), der die gesamte Lüneburger Heide von Nord nach Süd erschließt, ist vorbildlich markiert

Die Region preiswert

- **Heide-Shuttle:** in der Hauptsaison verkehrende, kostenlose Shuttlebusse (mit Fahrradmitnahme) in der Nordheide (s. S. 20)
- **Fischbeker Heidehaus:** Im Naturschutz-Informationszentrum der Loki Schmidt Stiftung bekommt man umfassende Informationen zu Natur und Landschaft der Heide, und das kostenlos (s. S. 25).
- 7 **Schiffshebewerk Lüneburg-Scharnebeck:** Das Informationszentrum und die Aussichtsplattform einer des weltweit größten „Fahrstühle“ für Binnenschiffe sind kostenlos zugängig (s. S. 37).
- Im **Heide-ErlebnisZentrum Undeloh** (s. S. 44), das anschaulich über die Entstehung und Pflege der Heide informiert, hat man freien Eintritt.
- Der **Abenteuerspielplatz Luhegrund** (s. S. 64) ist eine kostenlose Alternative zu den ansonsten kostenpflichtigen Aktivitäten rund um Bispingen.
- **Treppenspeicher Lutterloh:** Zum historischen Treppenspeicher mit seiner Multimedia-Ausstellung über die Vogelwelt der Südheide ist der Eintritt frei (s. S. 88).
- **Hundertwasser-Bahnhof Uelzen:** Das eindrucksvolle architektonische Kunstwerk ist kostenlos zugängig (s. S. 97).
- **Schleusengruppe Uelzen:** Die beeindruckende Schleusenanlage am Elbe-Seitenkanal lässt sich von mehreren kostenlosen Aussichtspunkten überblicken (s. S. 97).
- **Kirchen:** Der Zutritt zu den Kirchen ist kostenlos, eine Spende wird von den jeweiligen Gemeinden aber gern angenommen.

Notrufnummern

- **Polizei:** Tel. 110
- **Feuerwehr/Krankenwagen:** Tel. 112
- **Ärztlicher Bereitschaftsdienst:** Tel. 116117
- **ADAC-Pannenhilfe:** Tel. 08920204000 oder Kurzwahl Mobil 222222
- **Sperrnummer für Kredit- und Debit- sowie SIM-Karten:** Tel. 116116

Reisen mit Hund

Hunde sind in der Lüneburger Heide grundsätzlich willkommen. Allerdings sollte man vor der Buchung von Unterkünften immer beim Gastgeber nachfragen, ob Hunde erwünscht sind. Das gilt auch für die Mitnahme in ein Restaurant.

Im Naturschutzgebiet Lüneburger Heide und allen anderen Naturschutzgebieten besteht ganzjährig **Leinenpflicht.** Zwischen dem 1. April und dem 15. Juli müssen Hunde auch im Wald, auf Feldwegen, auf Wiesen und an Gewässern angeleint sein.

⌃ Hunde sind in allen Naturschutzgebieten der Lüneburger Heide ganzjährig an der Leine zu führen

› Der Winter in der Heide hat seinen ganz besonderen Reiz

Verhaltenstipps

Das **Rauchen** im Wald und in der Heide sollte man tunlichst unterlassen und es ist vom 1. März bis zum 31. Oktober ohnehin verboten. In den **Naturschutzgebieten** dürfen die Wege nicht verlassen werden und Pflanzen (auch Beeren und Pilze) dürfen nicht gepflückt werden.

Fahrzeuge sollten nur auf den gekennzeichneten **Parkplätzen** abgestellt werden. Es ist zudem selbstverständlich, dass man seine **Abfälle** wieder mitnimmt.

Wetter und Reisezeit

Die Lüneburger Heide liegt in der Übergangszone zwischen atlantisch geprägtem und kontinentalem Klima. Die höchsten **Temperaturen** mit einem durchschnittlichen Tagesmaximum von 23 °C werden im Juli und August erreicht. Mit durchschnittlich 4 °C die kältesten Monate sind der

092ml-hpe

Dezember und der Januar. Frosttage kann es bis in den April, selten bis in den Mai geben. Mit mehr als 10 Frosttagen muss man in den Monaten Dezember bis März rechnen. **Regen** fällt mehr oder weniger gleichmäßig über das ganze Jahr verteilt mit einem Maximum im Dezember, Januar und Juli.

Die **Hauptreisezeit** ist während der **Heideblüte**, die laut einer Faustformel vom 8.8. bis zum 9.9. dauert, woran sich die Natur aber nicht immer hält, weil das Wachstum der Heide und die Entwicklung der Blüten stark vom Wetter abhängig sind. So kann es durchaus vorkommen, dass die Blüte schon vor dem 8. August einsetzt oder auch erst danach. Das Gleiche gilt sinngemäß für das Ende der Heideblüte im September. Die meisten Besucher kommen von Juli bis September. An manchen Tagen kann es dann an den touristischen Hotspots sehr voll sein und Unterkünfte können ausgebucht sein. Generell ist die Lüneburger Heide aber ein Reiseziel, dass das ganze Jahr über angesteuert werden kann.

Uns gefällt besonders der Herbst, wenn sich Nebel über Heide und Moore legt und für eine eigenartige Atmosphäre sorgt. Aber auch im Winter, an frostkalten, klaren Tagen, wenn die Heide zugeschneit ist und nur noch Wacholder, Birken und andere Bäume aus dem Weiß herausragen und man die Heide mit keinem anderen teilen muss, sind wir gern dort. Und nicht zu vergessen der Frühling, wenn das neue Leben erwacht und es überall grünt.

Wetter in Lüneburg

Durchschnitt	Jan	Febr	März	Apr	Mai	Juni	Juli	Aug	Sept	Okt	Nov	Dez
Maximale Temperatur	4°	5°	8°	14°	18°	21°	23°	22°	19°	14°	8°	5°
Minimale Temperatur	−1°	−1°	1°	5°	9°	12°	14°	14°	11°	8°	4°	1°
Regentage	9	8	9	8	8	9	10	10	8	8	9	9

Register

Das ist noch nicht alles!
Mehr Reise Know-How gibt es hier:
www.reise-know-how.de
@ReiseKnowHow
@reiseknowhowverlag
@Reise_KnowHow
auf www.reise-know-how.de für den Newsletter anmelden
Zugspitze, Foto: Aneta Niemitz
Reisen mit Know-How